ERPI MATHÉMATIQUE

4e année du primaire

Cahier de savoirs
et d'activités

Isabelle Deshaies
Christiane Bessette

PEARSON

Montréal Toronto Boston Columbus Indianapolis New York San Francisco Upper Saddle River
Amsterdam Le Cap Dubaï Londres Madrid Milan Munich Paris
Delhi México São Paulo Sydney Hong-Kong Séoul Singapour Taipei Tōkyō

Directrice à l'édition
Monique Boucher

Chargées de projet
Marielle Champagne
Marie-Claude Rioux

Correctrice d'épreuves
Lucie Bernard

Coordonnateur – droits et reproduction
Pierre Richard Bernier

Recherchiste iconographique
Marie-Claude Rioux

Directrice artistique
Hélène Cousineau

Coordonnatrice aux réalisations graphiques
Sylvie Piotte

Conception graphique
Frédérique Bouvier

Couverture
Conception : Frédérique Bouvier
Illustration : Frédéric Normandin

Édition électronique
Catherine Boily

Illustrateur
Frédéric Normandin

Réviseure scientifique

Annie Savard, Ph. D., professeure adjointe en didactique des mathématiques, Faculté des sciences de l'éducation, Université McGill

Consultantes pédagogiques

Amélie Turmel, enseignante, école Saint-Christophe, commission scolaire des Bois-Francs

Chantal Gagné, enseignante, école Sainte-Paule, commission scolaire de la Rivière-du-Nord

Korinne Laurendeau, enseignante, école Monseigneur-Grenier, commission scolaire des Bois-Francs

Tina Desroches, enseignante, école Saint-Marcel, commission scolaire de la Pointe-de-l'Île

Carmen Roberge, enseignante, école Wilfrid-Pelletier, commission scolaire de la Pointe-de-l'Île

Marie-Claude Barrette, école Philippe-Morin, commission scolaire Marguerite-Bourgeoys

Rita Tomassini, enseignante, école Entramis, commission scolaire des Affluents

Sources des illustrations

DREAMSTIME : p. 76 (a).
SHUTTERSTOCK : p. 2, 3, 4, 5, 6, 7, 8, 9, 10, 11, 12, 13, 14, 15, 16, 17, 20, 22, 23, 24, 25, 26, 27, 28, 29, 30, 31, 32, 33, 34, 35, 36, 37, 38, 39, 41, 42, 43, 44, 45, 46, 47, 49, 50, 51, 52, 54, 56, 57, 59, 60, 62, 66, 67, 68, 69, 70, 72, 73, 76 (b et c), 77, 78, 79, 80, 83, 84, 86, 88, 92, 93, 95, 96 97, 98, 99, 100, 101, 102.

Signification des pictogrammes

Pictogrammes placés près d'un titre de section

L'élève apprend à le faire avec l'intervention de l'enseignant ou de l'enseignante.

L'élève le fait par lui-même à la fin de l'année scolaire.

Pictogrammes associés à une situation-problème

Étapes de la démarche de résolution de problèmes présentée à l'intérieur de la couverture arrière du cahier.

Membre du groupe Pearson Education depuis 1989

1611, boulevard Crémazie Est, 10e étage
Montréal (Québec) H2M 2P2
Canada
Téléphone : 514 334-2690
Télécopieur : 514 334-4720
info@pearsonerpi.com
pearsonerpi.com

Dépôt légal – Bibliothèque et Archives nationales du Québec, 2012
Dépôt légal – Bibliothèque et Archives Canada, 2012

Imprimé au Canada 890 II 19181716
ISBN 978-2-7613-4625-2 13138 ABCD OF10

Table des matières

THÈME 1

THÈME 2

THÈME
I

Potions et Sorcellerie

Ce que tu vas apprendre...

SECTION 1
La représentation d'un nombre

SECTION 2
La valeur de position dans un nombre

SECTION 3
La décomposition et la comparaison des nombres

SECTION 4
La figure symétrique, la réflexion et le dallage

SECTION 5
La multiplication et la division – Les tables

SECTION 6
L'addition et la soustraction des nombres à 4 chiffres

SECTION 7
Le plan cartésien

SECTION 8
Les termes manquants

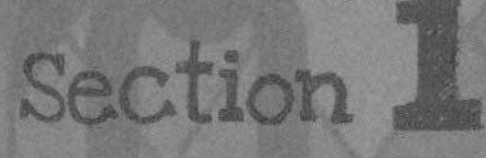

J'apprends

► La représentation d'un nombre

On peut représenter un **nombre** de différentes façons.
Voici 3 façons de représenter le nombre 1246.

Signification des symboles
um : unité de mille
c : centaine
d : dizaine
u : unité

• Avec des chiffres, dans un **tableau de numération**

um	c	d	u
1	2	4	6

• Avec du **matériel en base 10**

• Avec un **abaque**

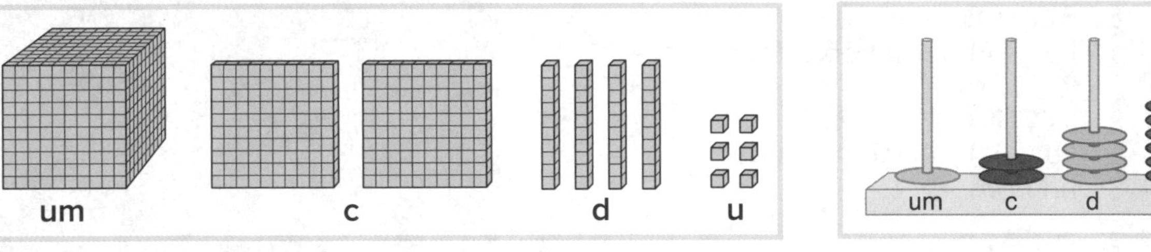

Je m'exerce

1 **Représente** les nombres sur les abaques.

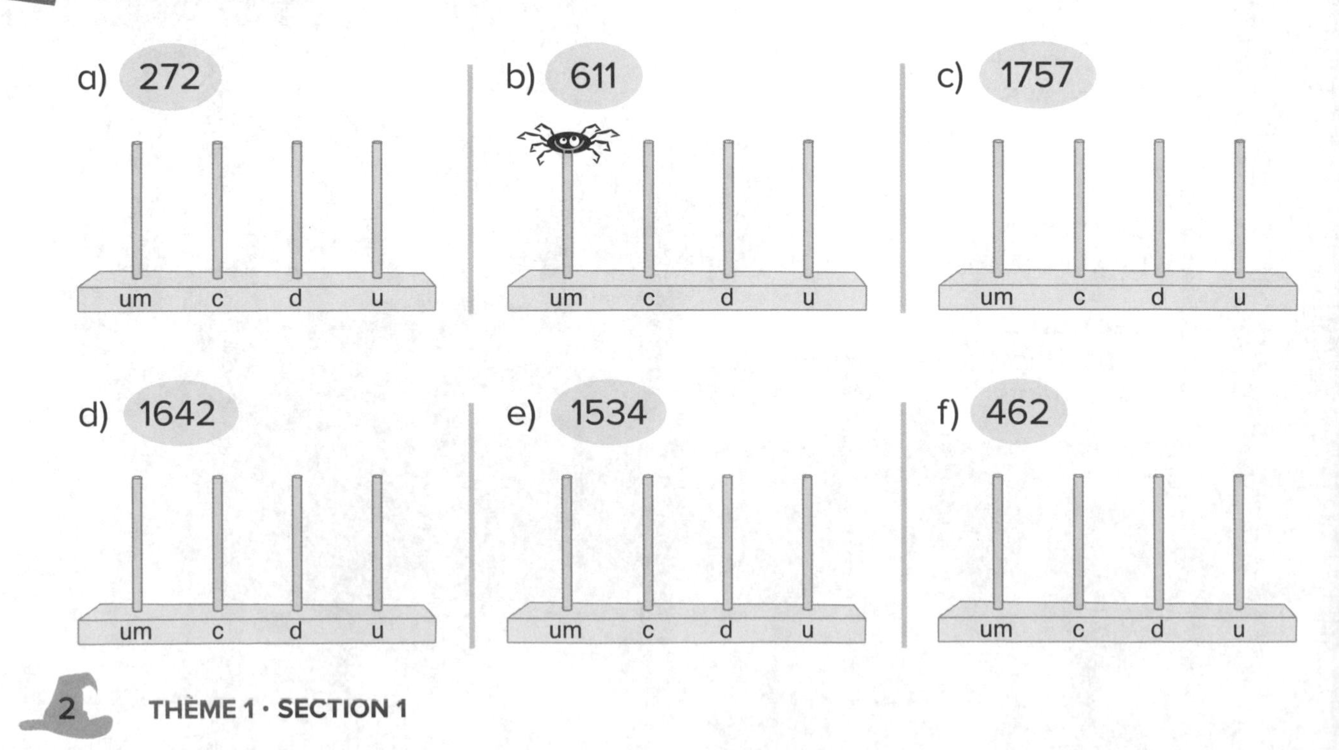

2 **Écris** les nombres représentés.

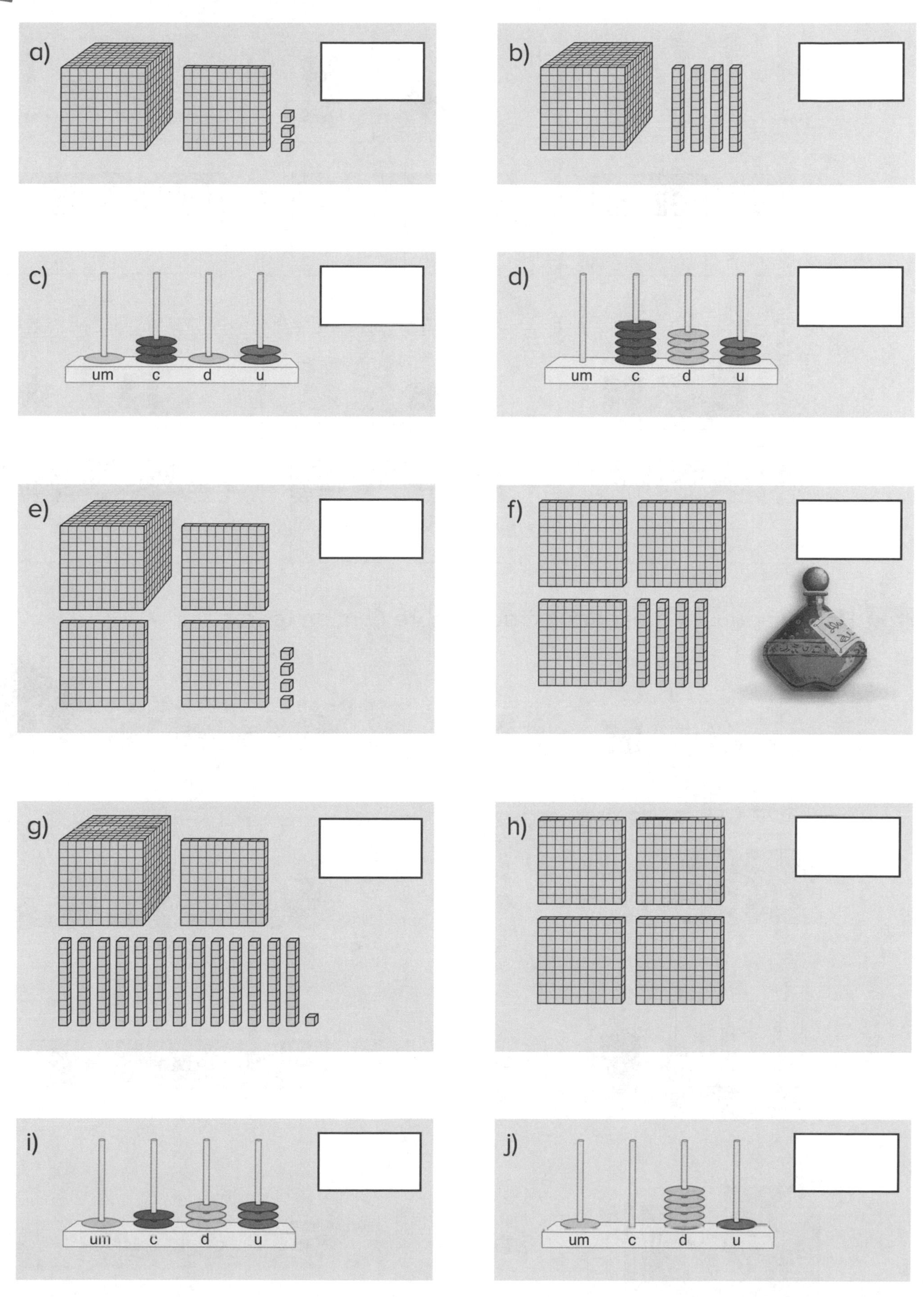

3 Dans le tableau de numération, **écris** le nombre représenté.

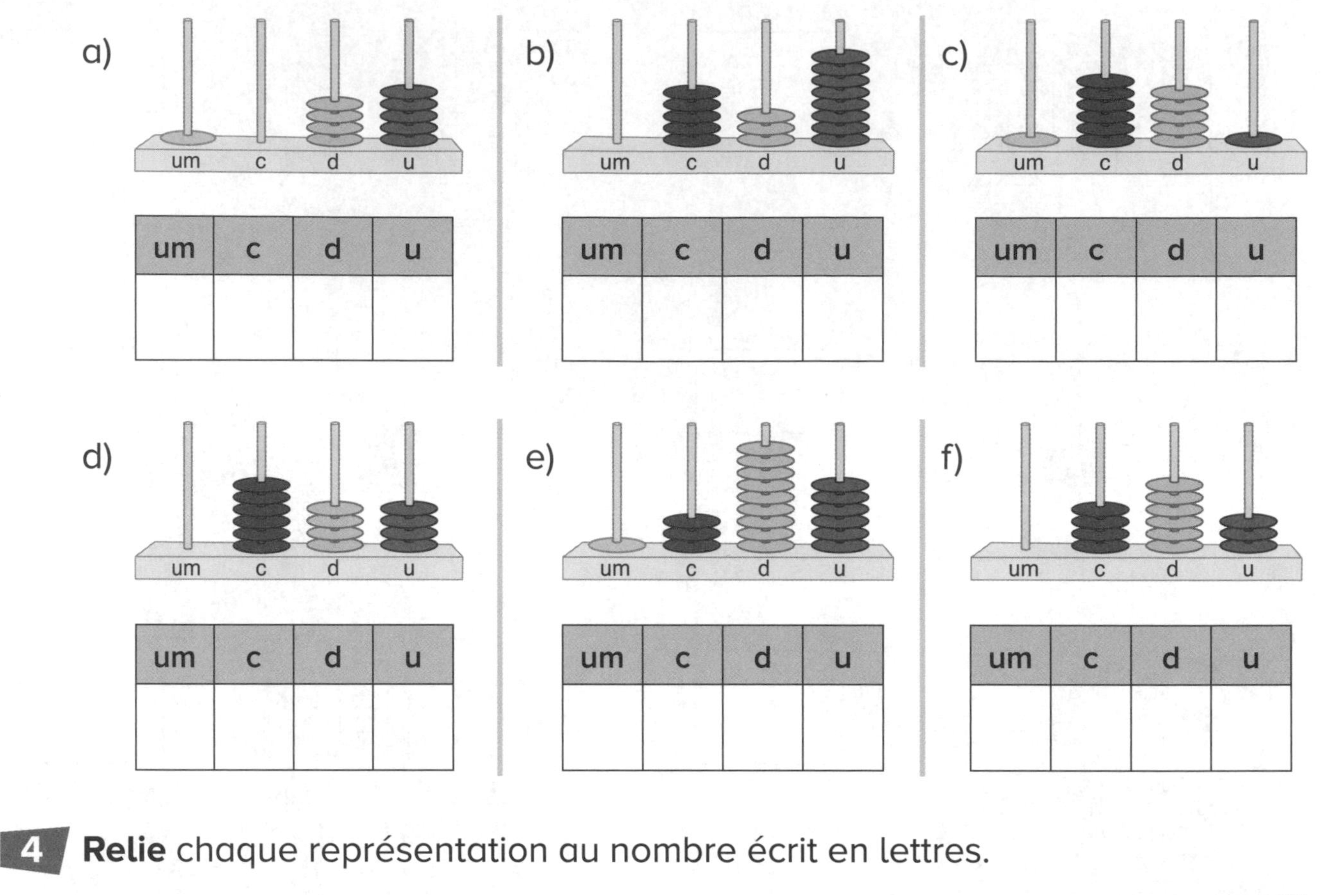

a)

um	c	d	u

b)

um	c	d	u

c)

um	c	d	u

d)

um	c	d	u

e)

um	c	d	u

f)

um	c	d	u

4 **Relie** chaque représentation au nombre écrit en lettres.

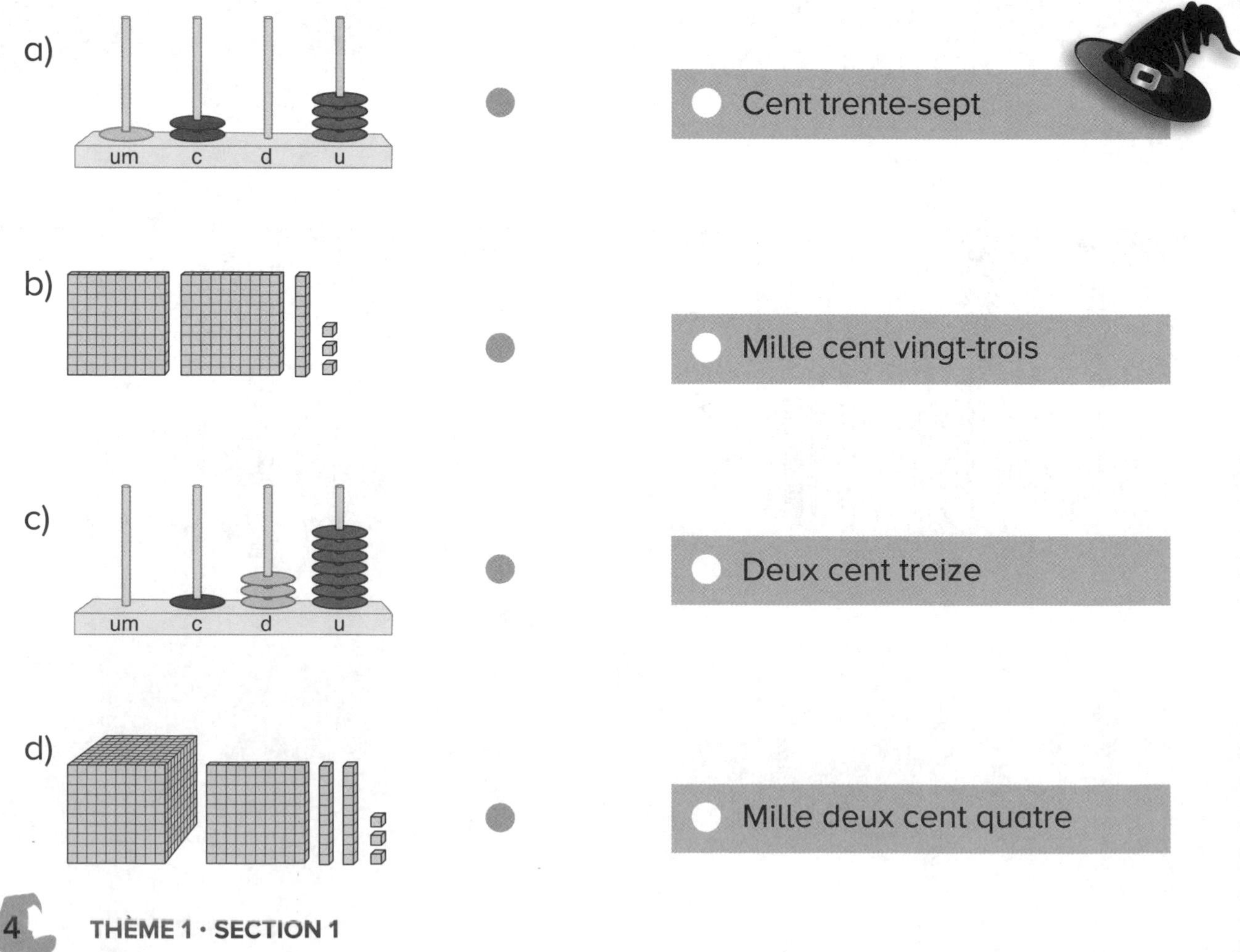

- Cent trente-sept
- Mille cent vingt-trois
- Deux cent treize
- Mille deux cent quatre

5 Complète les différentes représentations des nombres.

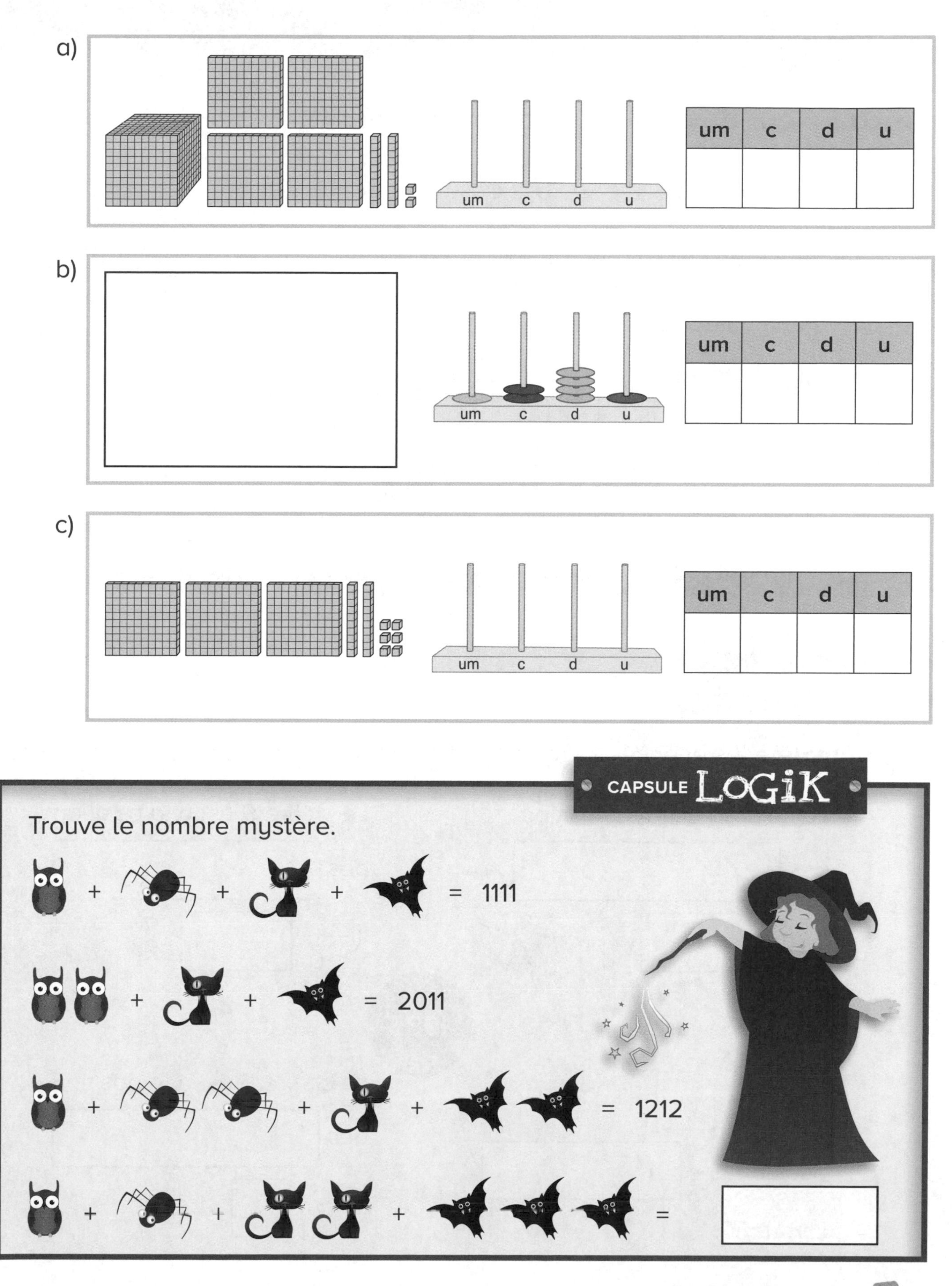

J'apprends

▸ La valeur de position dans un nombre (1)

Tous les nombres peuvent être représentés à l'aide des 10 **chiffres** : 0 1 2 3 4 5 6 7 8 9

Signification du symbole
dm : dizaine de mille

La valeur d'un chiffre dans un nombre dépend de sa position. En changeant de position, le chiffre prend une valeur différente.

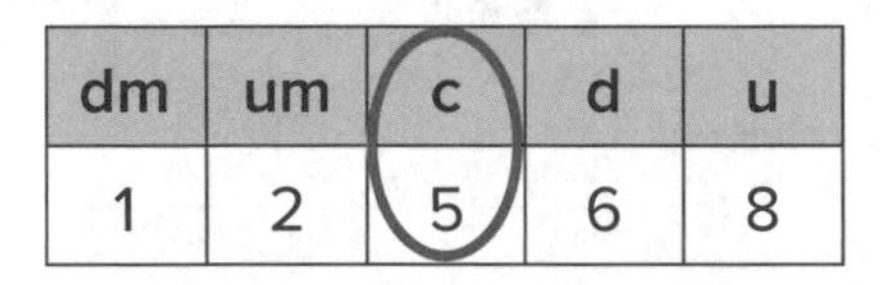

dm	um	c	d	u
1	2	5	6	8

Le chiffre 5 est à la position des centaines. Il vaut 500.

dm	um	c	d	u
1	0	3	5	4

Le chiffre 5 est à la position des dizaines. Il vaut 50.

Je m'exerce

1 **Complète** les énoncés en te référant au nombre écrit dans le cercle rouge.

a) **1985**

Le chiffre 1 est à la position des ______ .
Il vaut ______ .

Le chiffre 9 est à la position des ______ .
Il vaut ______ .

Le chiffre ______ est à la position des ______ .
Il vaut 80.

Le chiffre 5 est à la position des ______ .
Il vaut ______ .

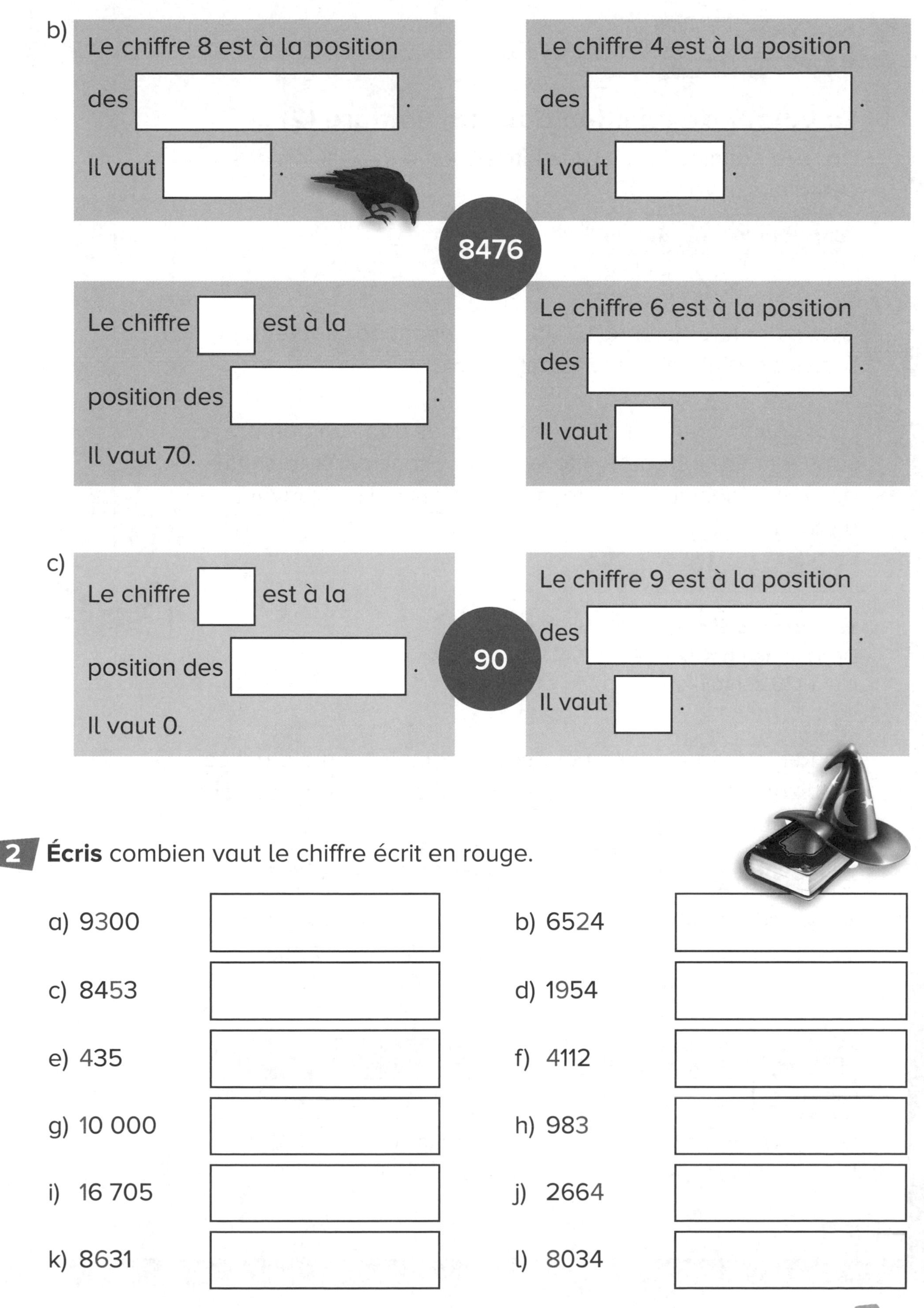

b)

Le chiffre 8 est à la position des ______ .
Il vaut ______ .

Le chiffre 4 est à la position des ______ .
Il vaut ______ .

8476

Le chiffre ______ est à la position des ______ .
Il vaut 70.

Le chiffre 6 est à la position des ______ .
Il vaut ______ .

c)

Le chiffre ______ est à la position des ______ .
Il vaut 0.

90

Le chiffre 9 est à la position des ______ .
Il vaut ______ .

2 **Écris** combien vaut le chiffre écrit en rouge.

a) 9300		b) 6524	
c) 8453		d) 1954	
e) 435		f) 4112	
g) 10 000		h) 983	
i) 16 705		j) 2664	
k) 8631		l) 8034	

J'apprends

► La valeur de position dans un nombre (2)

Dans le nombre 12 568, le chiffre 5 est à la position des centaines. Il vaut 500.

dm	um	c	d	u
1	2	5	6	8

Cependant, le nombre 12 568 ne contient pas seulement 5 centaines, il en contient plutôt 125.

Pour savoir combien il y a de centaines dans un nombre sans en faire la représentation, il faut considérer le chiffre des centaines ainsi que tous les chiffres qui se trouvent à sa gauche.

dm	um	c	d	u
1	2	5	6	8

Dans le nombre 12 568,
il y a 125 centaines.

On fait la même chose pour savoir combien il y a d'unités, de dizaines, d'unités de mille ou de dizaines de mille dans un nombre.

dm	um	c	d	u
1	2	5	6	8

Dans le nombre 12 568,
il y a 12 568 unités.

dm	um	c	d	u
1	2	5	6	8

Dans le nombre 12 568,
il y a 1256 dizaines.

dm	um	c	d	u
1	2	5	6	8

Dans le nombre 12 568,
il y a 12 unités de mille.

dm	um	c	d	u
1	2	5	6	8

Dans le nombre 12 568,
il y a 1 dizaine de mille.

Je m'exerce

1 **Écris** combien il y a d'unités de mille, de centaines et de dizaines dans chaque nombre.

	dm	um	c	d	u		Unités de mille	Centaines	Dizaines
a)	1	4	0	4	2	→			
b)		9	0	5	7	→			
c)		3	2	0	1	→			
d)		8	4	5	6	→			
e)	1	0	0	0	0	→			

2 Vrai ou faux ?

	Vrai	Faux
a) Dans le nombre 3092, il y a 30 dizaines.	☐	☐
b) Dans le nombre 8739, il y a 8739 unités.	☐	☐
c) Dans le nombre 10 321, on peut dire qu'il y a 103 centaines ou 1032 dizaines ou 10 321 unités.	☐	☐
d) Dans le nombre 10 000, il n'y a aucune dizaine.	☐	☐
e) Dans le nombre 2083, on peut dire qu'il y a 2 unités de mille ou 0 centaine ou 28 dizaines ou 2083 unités.	☐	☐

3 **Entoure** la quantité de centaines qu'il y a dans chaque nombre.

a) 10 000 b) 4356 c) 9999 d) 3298

e) 671 f) 1348 g) 789 h) 389

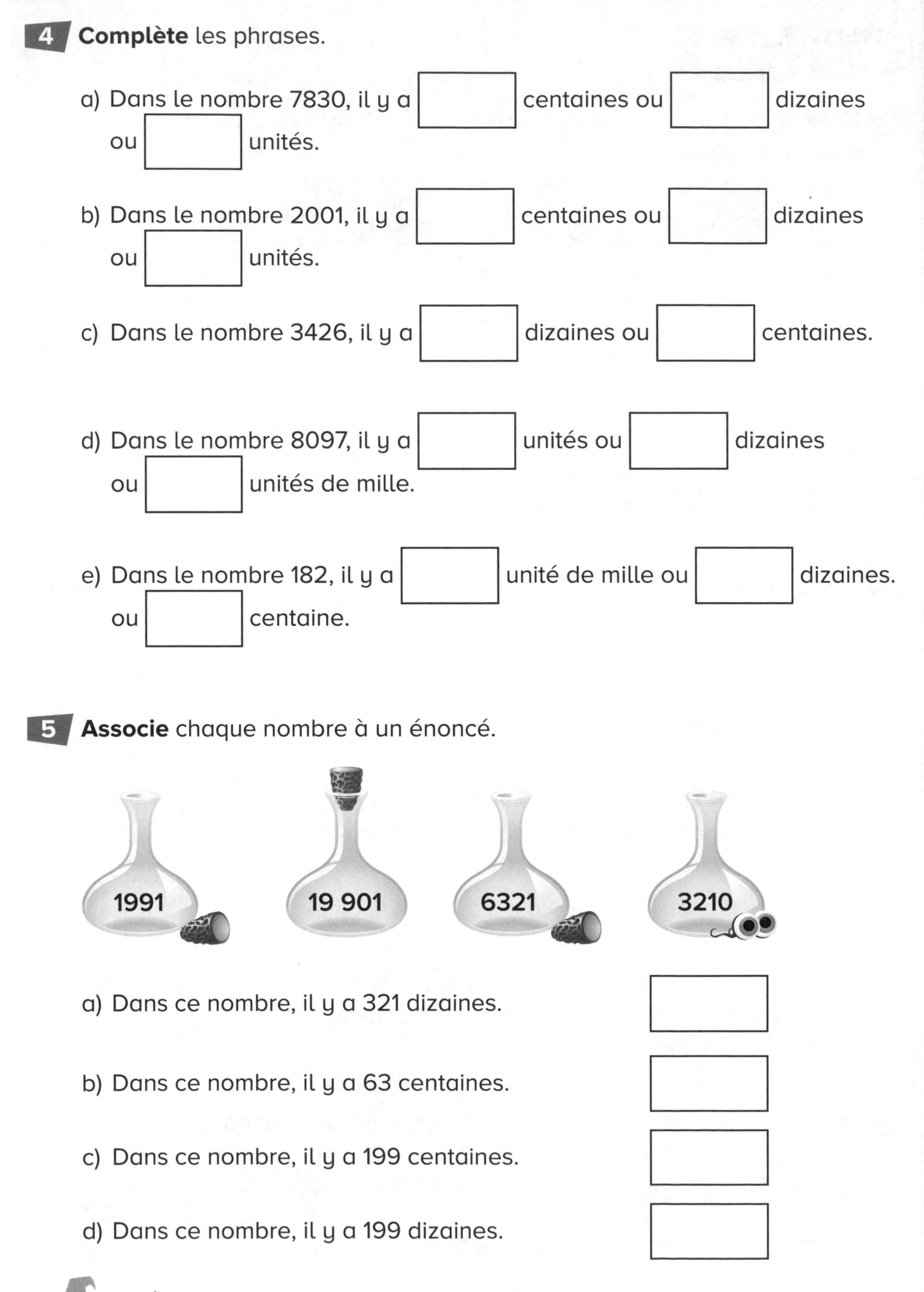

4 **Complète** les phrases.

a) Dans le nombre 7830, il y a ☐ centaines ou ☐ dizaines ou ☐ unités.

b) Dans le nombre 2001, il y a ☐ centaines ou ☐ dizaines ou ☐ unités.

c) Dans le nombre 3426, il y a ☐ dizaines ou ☐ centaines.

d) Dans le nombre 8097, il y a ☐ unités ou ☐ dizaines ou ☐ unités de mille.

e) Dans le nombre 182, il y a ☐ unité de mille ou ☐ dizaines. ou ☐ centaine.

5 **Associe** chaque nombre à un énoncé.

a) Dans ce nombre, il y a 321 dizaines. ☐

b) Dans ce nombre, il y a 63 centaines. ☐

c) Dans ce nombre, il y a 199 centaines. ☐

d) Dans ce nombre, il y a 199 dizaines. ☐

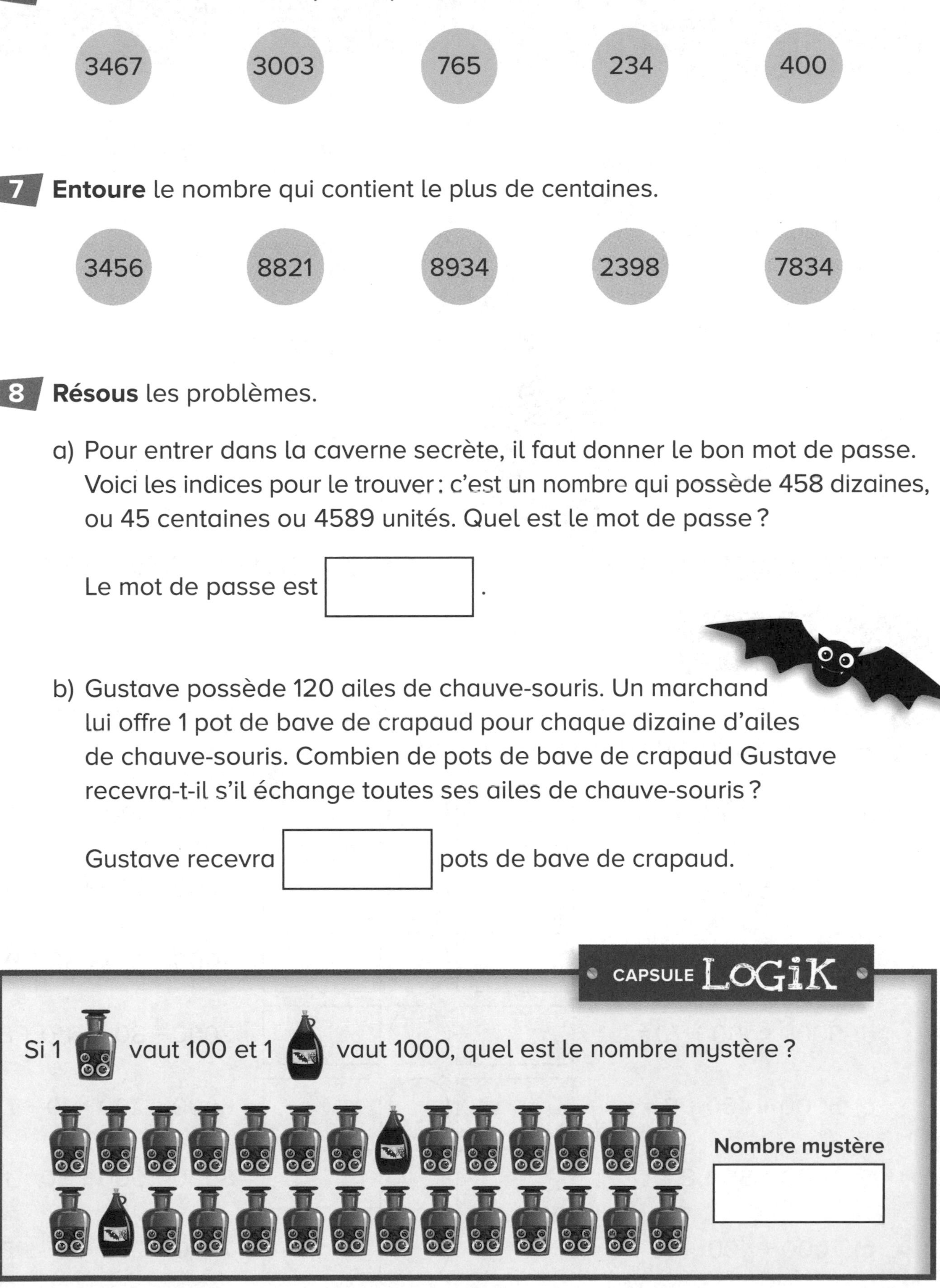

6 **Entoure** les nombres qui ont plus de 40 dizaines.

3467 3003 765 234 400

7 **Entoure** le nombre qui contient le plus de centaines.

3456 8821 8934 2398 7834

8 **Résous** les problèmes.

a) Pour entrer dans la caverne secrète, il faut donner le bon mot de passe. Voici les indices pour le trouver : c'est un nombre qui possède 458 dizaines, ou 45 centaines ou 4589 unités. Quel est le mot de passe ?

Le mot de passe est ______ .

b) Gustave possède 120 ailes de chauve-souris. Un marchand lui offre 1 pot de bave de crapaud pour chaque dizaine d'ailes de chauve-souris. Combien de pots de bave de crapaud Gustave recevra-t-il s'il échange toutes ses ailes de chauve-souris ?

Gustave recevra ______ pots de bave de crapaud.

CAPSULE LOGiK

Si 1 [pot] vaut 100 et 1 [bouteille] vaut 1000, quel est le nombre mystère ?

Nombre mystère ______

J'apprends

▶ La décomposition d'un nombre

Décomposer un nombre, c'est l'exprimer sous une forme équivalente à l'aide d'opérations. On peut décomposer un nombre de différentes façons. Par exemple :

150

- 100 + 10 + 10 + 10 + 10 + 10
- 100 + 30 + 20
- 100 + 50
- 200 – 50

Je m'exerce

1 **Écris** le nombre correspondant à chaque décomposition. **Compare** ensuite les nombres à l'aide du symbole <, > ou =.

a) 500 + 30 + 2 = ☐ ◯ ☐ = 1000 + 300 + 50 + 7

b) 2000 + 80 + 4 = ☐ ◯ ☐ = 3000 + 700 + 60 + 7

c) 4000 + 800 + 50 + 2 = ☐ ◯ ☐ = 4000 + 100 + 30 + 9

d) 9000 + 100 + 70 = ☐ ◯ ☐ = 2000 + 300 + 80 + 8

e) 5000 + 400 + 8 = ☐ ◯ ☐ = 6000 + 200 + 10 + 7

f) 3000 + 30 + 8 = ☐ ◯ ☐ = 8000 + 900 + 30 + 1

g) 7000 + 400 + 40 + 8 = ☐ ◯ ☐ = 7000 + 200 + 60 + 8

2 **Décompose** les nombres selon la valeur de leurs chiffres.

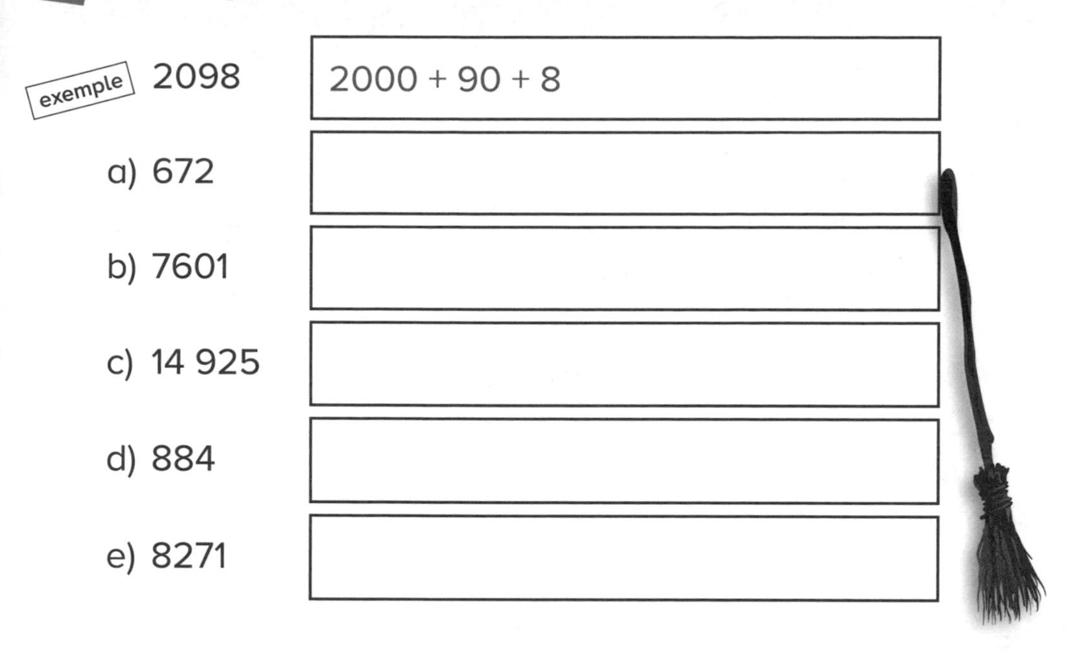

exemple 2098 : 2000 + 90 + 8

a) 672

b) 7601

c) 14 925

d) 884

e) 8271

3 **Colorie** de la même couleur les cases qui ont la même valeur.

200 + 4000 + 12	400 + 1000 + 40	4212
1900	2300	800 + 9000 + 50
500 + 3000 + 40 + 9	700 + 1200	1440
9850	3549	300 + 2000

4 **Décompose** ce nombre de 4 façons différentes.

J'apprends

▶ La comparaison des nombres

On compare 2 nombres pour savoir s'ils sont **égaux**, ou si l'un est **supérieur** ou **inférieur** à l'autre. Les symboles =, > et < servent à comparer des nombres.

Lorsqu'on compare 2 nombres, on commence par les chiffres qui ont la plus grande valeur. Si les chiffres qui ont la plus grande valeur sont égaux, on passe au suivant (vers la droite).

Signification des symboles
= : est égal à
> : est supérieur à (ou est plus grand que)
< : est inférieur à (ou est plus petit que)

- **341 < 450** — 341 est inférieur à 450, car 300 est inférieur à 400.
- **1450 > 1430** — 1450 est supérieur à 1430, car 1400 est égal à 1400, mais 50 est supérieur à 30.
- **12 532 < 12 535** — 12 532 est inférieur à 12 535, car 12 530 est égal à 12 530, mais 2 est inférieur à 5.

Je m'exerce

1 **Compare** les nombres. **Écris** le symbole <, > ou =.

a) 1290 ◯ 129　　b) 345 ◯ 435　　c) 627 ◯ 626

d) 256 ◯ 256　　e) 1260 ◯ 1026　　f) 1209 ◯ 1209

2 **Complète** les énoncés en te servant des nombres dans les encadrés jaunes.

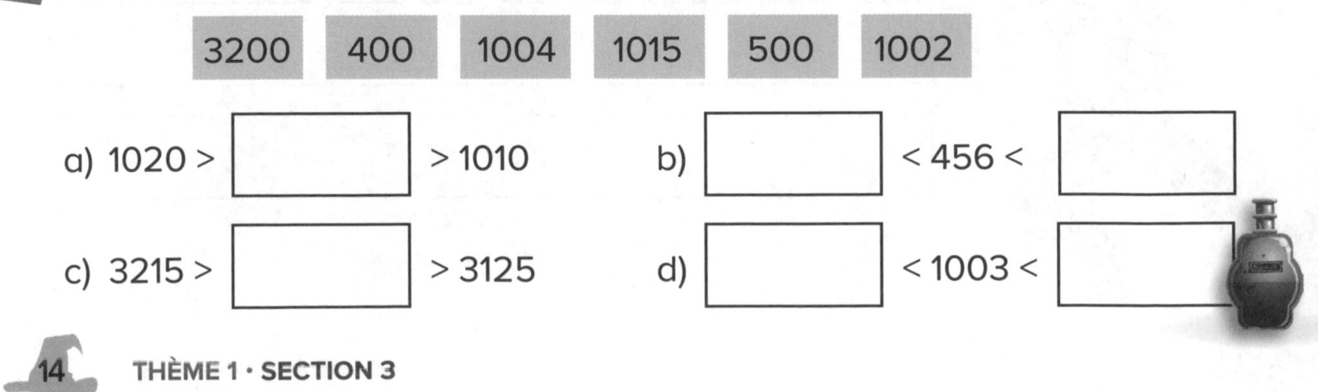

3200　400　1004　1015　500　1002

a) 1020 > ▭ > 1010　　b) ▭ < 456 < ▭

c) 3215 > ▭ > 3125　　d) ▭ < 1003 < ▭

3 **Compare** les nombres à l’aide du symbole < ou >. **Complète** ensuite la phrase en utilisant **u** pour unité, **d** pour dizaine, **c** pour centaine, **um** pour unité de mille ou **dm** pour dizaine de mille.

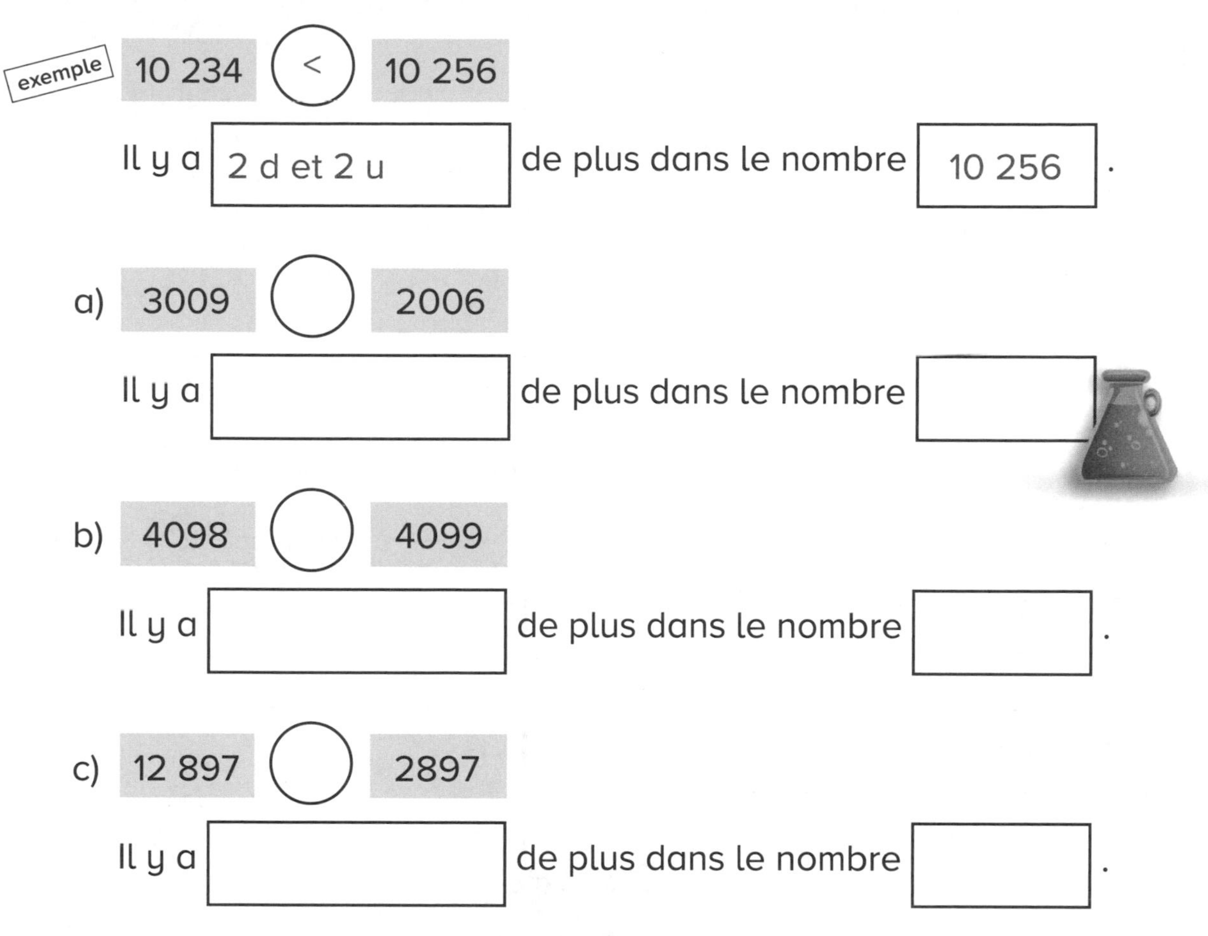

exemple 10 234 (<) 10 256

Il y a [2 d et 2 u] de plus dans le nombre [10 256].

a) 3009 ( ) 2006

Il y a [ ] de plus dans le nombre [ ]

b) 4098 ( ) 4099

Il y a [ ] de plus dans le nombre [ ].

c) 12 897 ( ) 2897

Il y a [ ] de plus dans le nombre [ ].

4 Dans chaque série de nombres, **entoure** le plus petit nombre et **fais un X** sur le plus grand nombre.

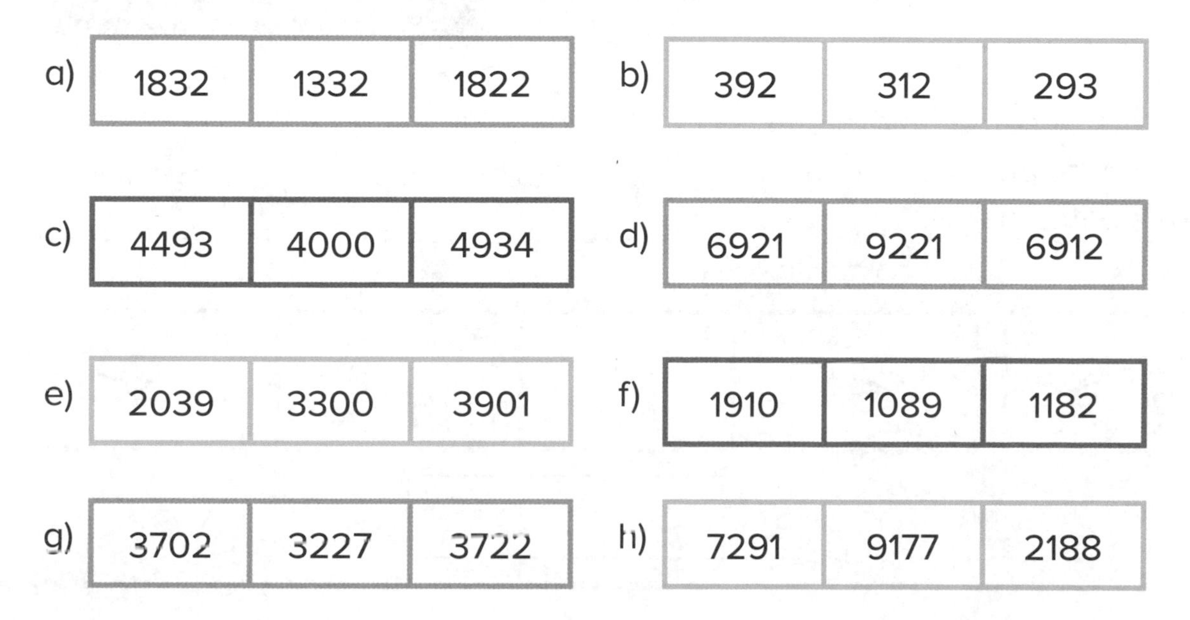

a)	1832	1332	1822
b)	392	312	293
c)	4493	4000	4934
d)	6921	9221	6912
e)	2039	3300	3901
f)	1910	1089	1182
g)	3702	3227	3722
h)	7291	9177	2188

5 **Résous** les problèmes.

a) La sorcière Sierra a cueilli 34 dizaines de pissenlits et 3 centaines de fleurs de citrouilles. Qu'a-t-elle cueilli le plus ? Combien en a-t-elle cueilli de plus ?

La sorcière Sierra a cueilli plus de ______ .

Elle en a cueilli ______ de plus.

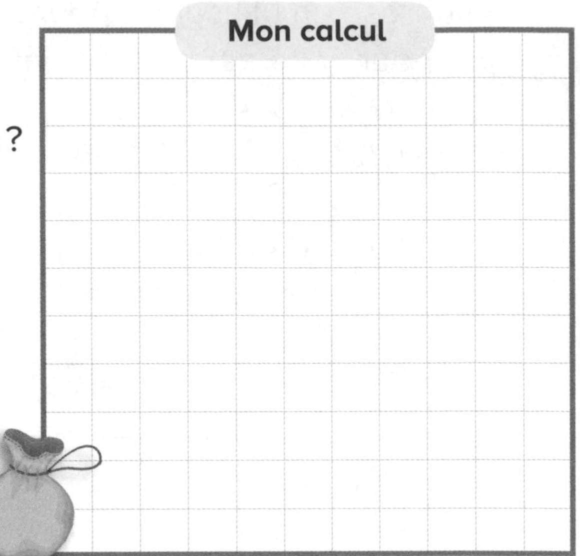

b) Choulac le sorcier est chasseur de chauves-souris. Cette nuit, il a attrapé 124 dizaines de chauves-souris. Il voulait en attraper 1200. A-t-il réussi ? Si non, combien lui en manque-t-il ?

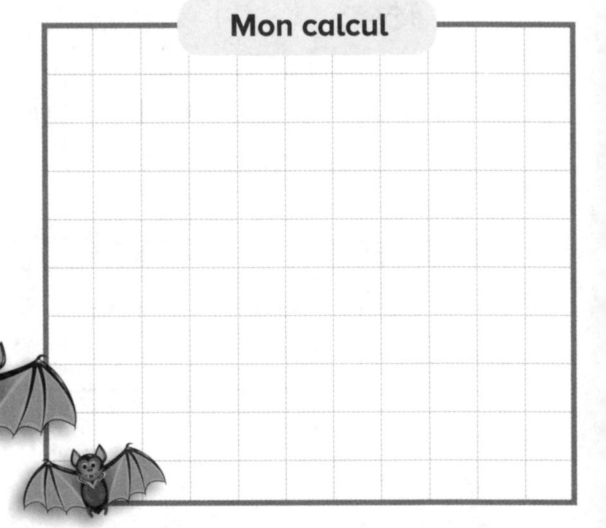

CAPSULE LOGIK

Ce qu'il faut savoir :

Classe les ensembles A à E en commençant par celui qui a la plus petite valeur.

A B C D E

J'apprends

► La figure symétrique

Une **figure symétrique** forme 2 parties identiques lorsqu'on la plie en 2. La ligne le long de laquelle on peut plier la figure s'appelle l'**axe de réflexion**. Une figure symétrique peut avoir un seul axe de réflexion ou plusieurs.

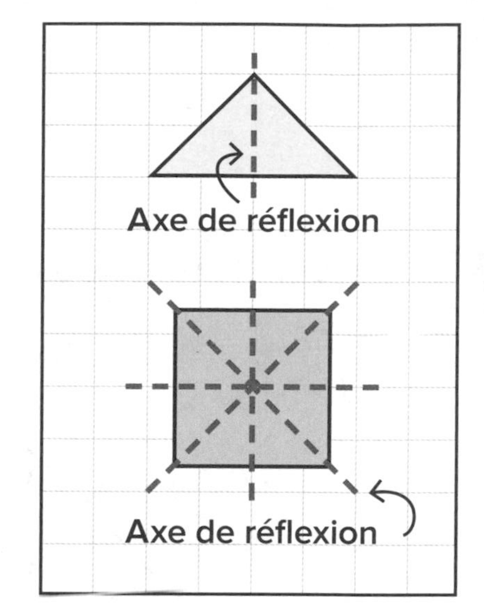

Dans une figure, l'axe de réflexion peut aussi porter le nom d'axe de symétrie.

► La réflexion

La **réflexion** est une transformation géométrique. Elle permet d'obtenir l'image d'une figure. La ligne qui sépare la figure et son image s'appelle l'axe de réflexion.

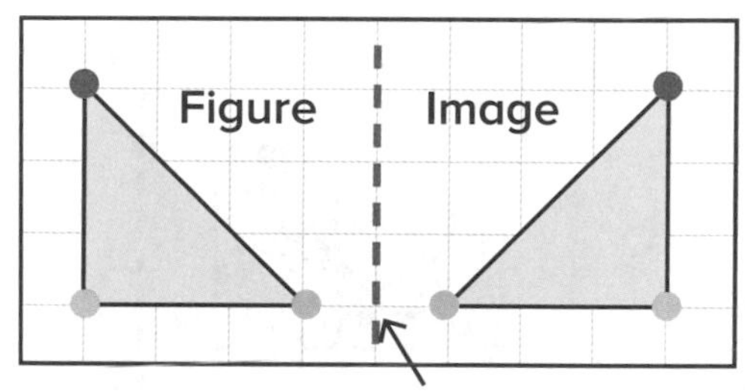

Axe de réflexion

La figure et son image sont à la même distance de l'axe de réflexion. Elles ont la même forme et la même taille. Seule leur orientation est inversée, comme dans un miroir.

Je m'exerce

1 **Entoure** les animaux qui ont un axe de réflexion.

2 **Trace** tous les axes de réflexion de ces figures. **Utilise** une règle.

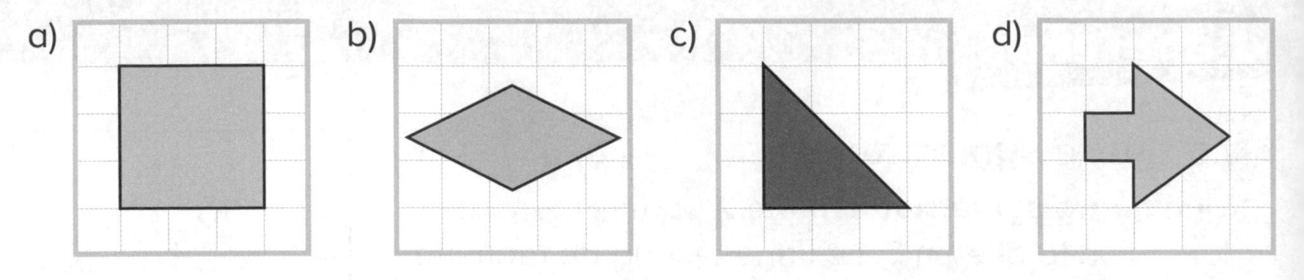

3 **Dessine** l'image de ces figures en respectant l'axe de réflexion.

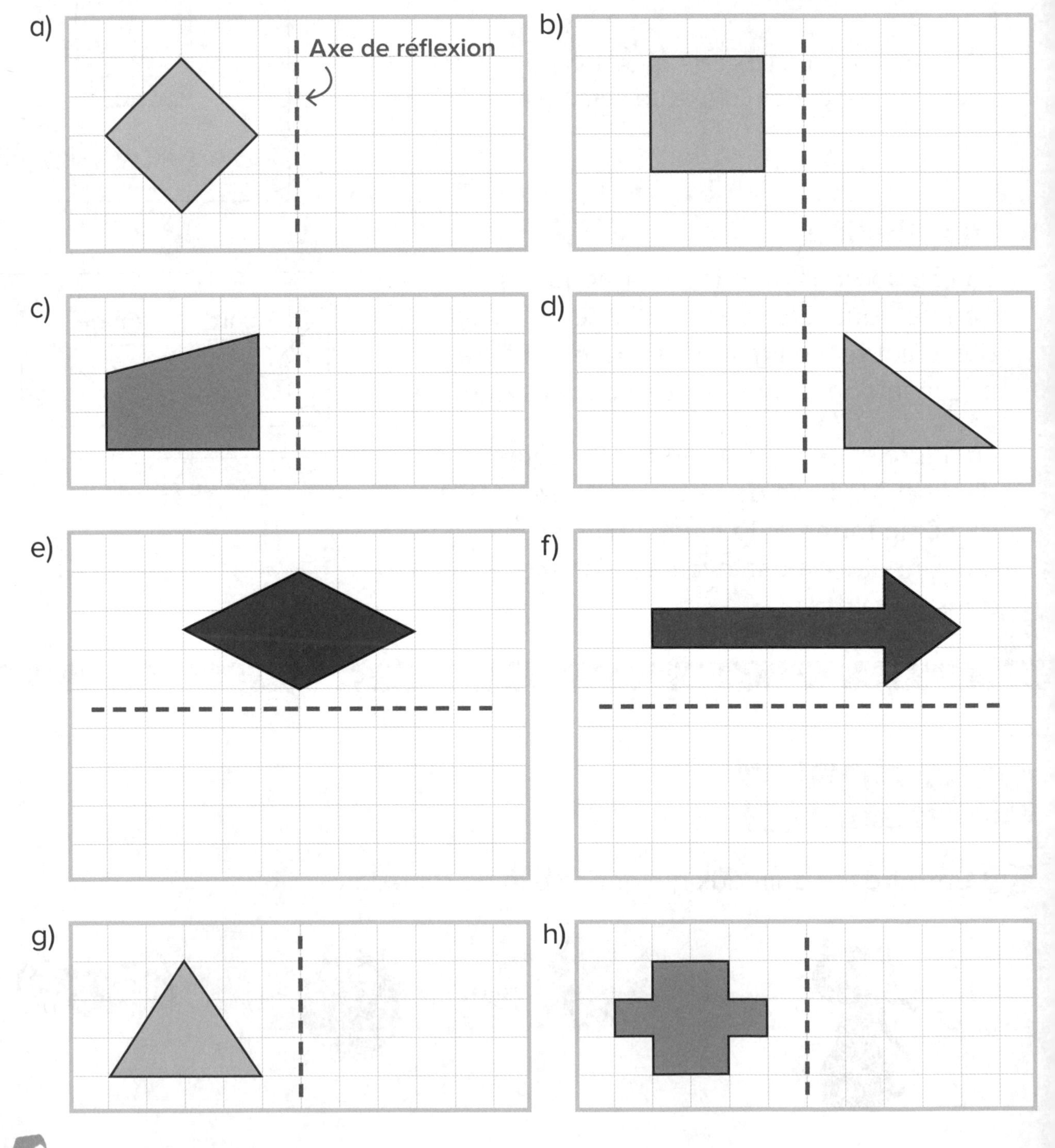

J'apprends

► Le dallage

Un **dallage** est un assemblage de figures géométriques qui recouvrent une surface.

Dans un dallage :

- il n'y a aucun espace libre entre les figures ;
- les figures ne sont jamais superposées ;
- il peut y avoir une régularité.

Régularité

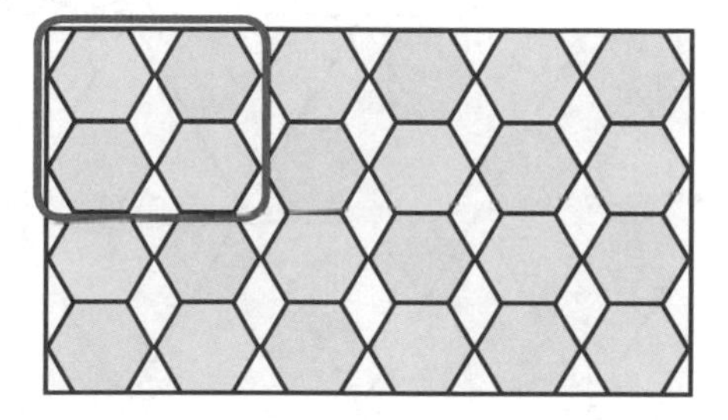

On peut construire un dallage à l'aide de la réflexion.

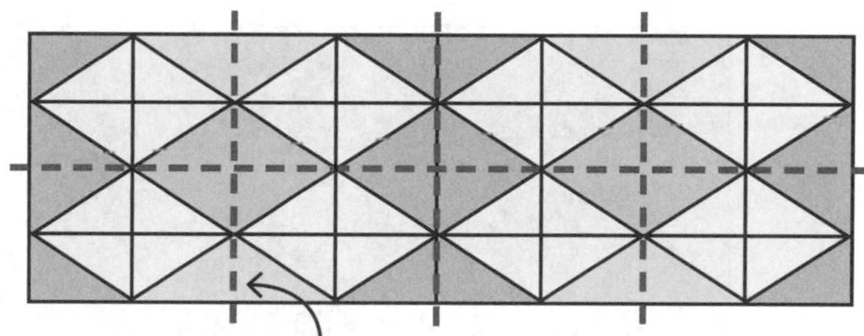

Je m'exerce

1 Vrai ou faux ?

Dans un dallage :

	Vrai	Faux
a) Il peut y avoir des espaces entre les figures.	☐	☐
b) Il peut y avoir différentes figures géométriques.	☐	☐
c) une figure ne peut pas se superposer à une autre.	☐	☐
d) Il y a toujours une régularité.	☐	☐
e) Il peut y avoir des axes de réflexion.	☐	☐

2 **Entoure** la régularité dans chaque dallage.

a) 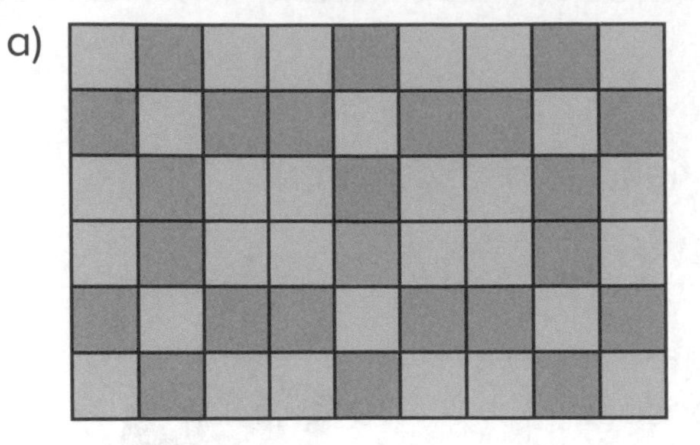

b) 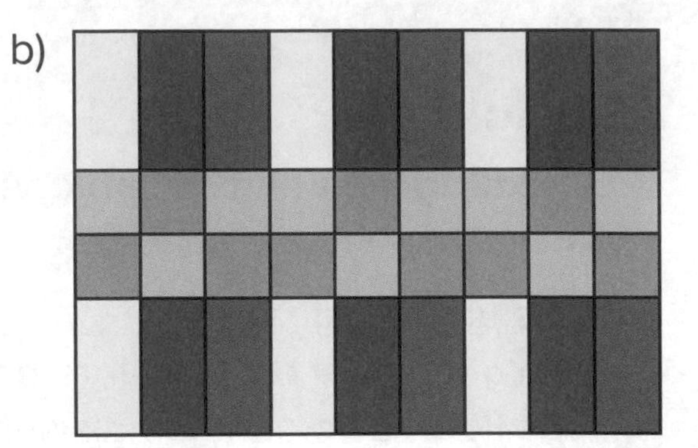

3 **Complète** les dallages.

a) 

b) 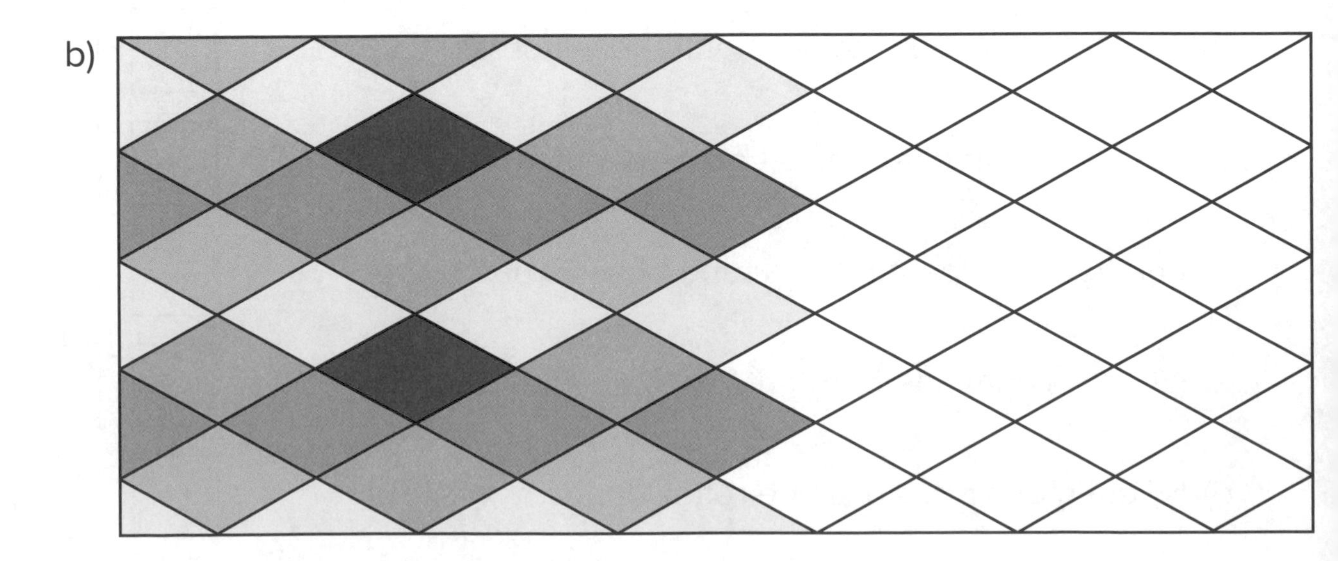

4 **Termine** les dallages en respectant les axes de réflexion.

a)

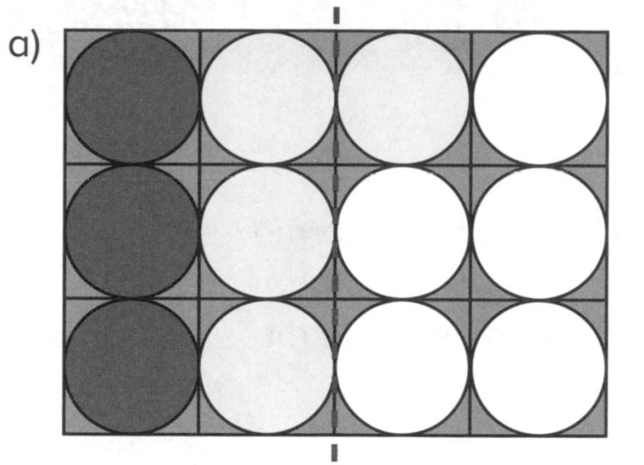

b)

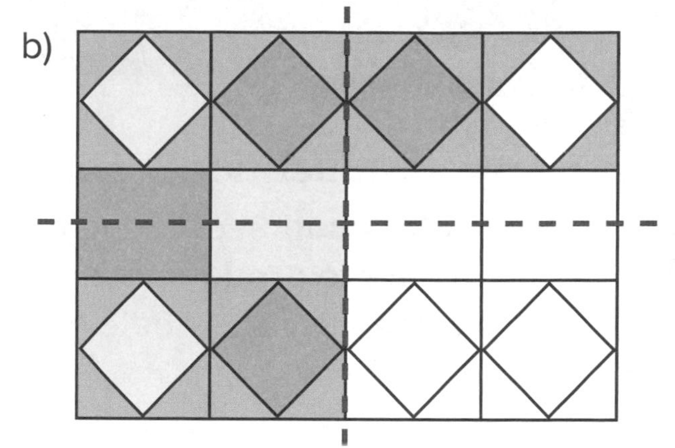

c)

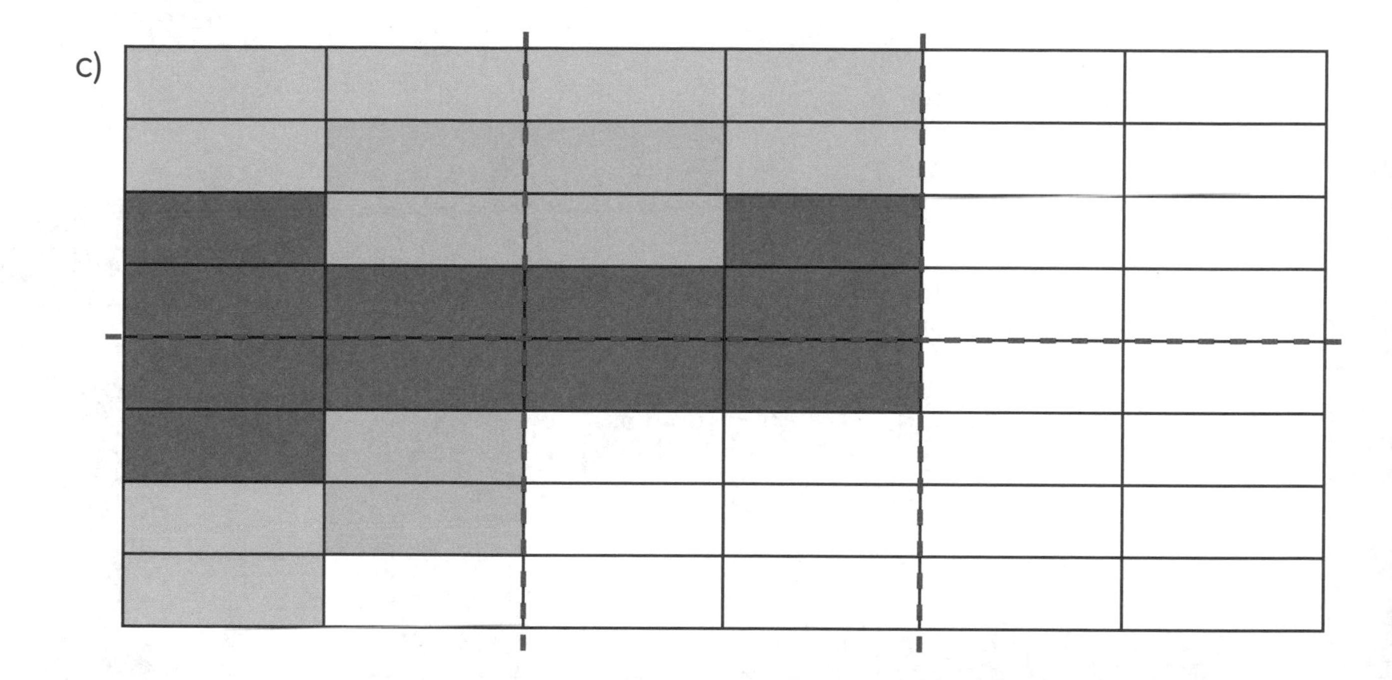

CAPSULE LOGIK

Faire un X sur les 5 cercles qui se sont glissés par erreur dans ce dallage.

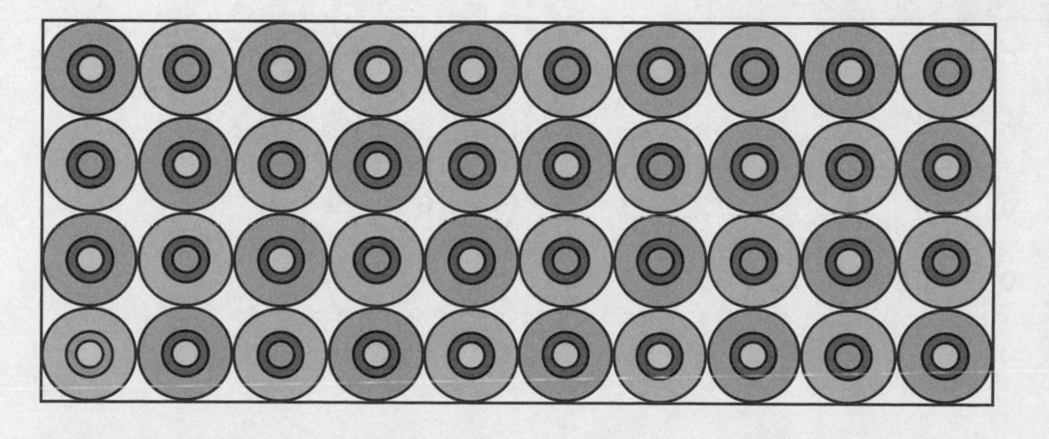

Section 5

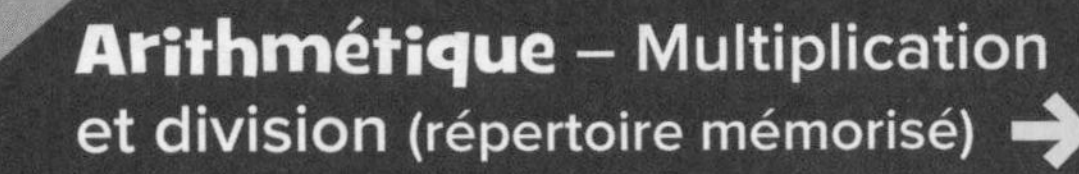

J'apprends

► La multiplication – Les tables

La **multiplication** est l'opération mathématique qui permet de trouver le **produit** de 2 ou plusieurs nombres qu'on appelle des **facteurs**. Le symbole de la multiplication est × (se dit « multiplié par »).

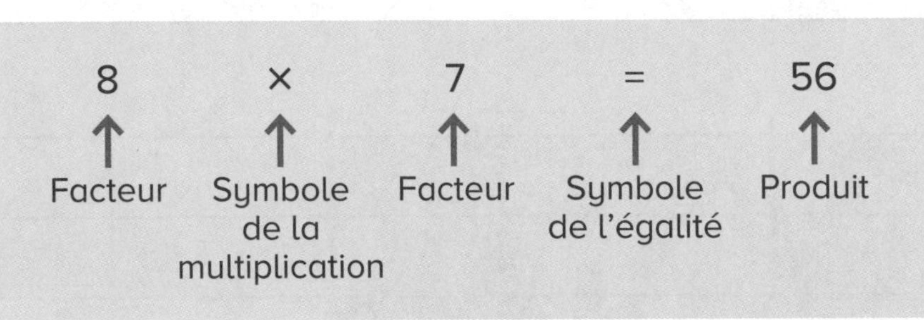

Si l'on inverse les facteurs d'une multiplication, le produi
reste le même.
8 × 7 = 56 ou 7 × 8 = 5

Une **table de multiplication** est un **tableau à double entrée** qui permet de trouver le produit de 2 nombres.

×	0	1	2	3	4	5	6	7	8	9	10
0	0	0	0	0	0	0	0	0	0	0	0
1	0	1	2	3	4	5	6	7	8	9	10
2	0	2	4	6	8	10	12	14	16	18	20
3	0	3	6	9	12	15	18	21	24	27	30
4	0	4	8	12	16	20	24	28	32	36	40
5	0	5	10	15	20	25	30	35	40	45	50
6	0	6	12	18	24	30	36	42	48	54	60
7	0	7	14	21	28	35	42	49	56	63	70
8	0	8	16	24	32	40	48	56	64	72	80
9	0	9	18	27	36	45	54	63	72	81	90
10	0	10	20	30	40	50	60	70	80	90	100

Je m'exerce

1 **Remplis** cette table de multiplication.

×	0	4	5	7	9	10
4						
7						
9						
10						

2 **Trouve** le produit.

a) 8 × 9 = ☐ b) 5 × 6 = ☐ c) 2 × 10 = ☐ d) 1 × 10 = ☐

e) 6 × 6 = ☐ f) 7 × 6 = ☐ g) 6 × 8 = ☐ h) 2 × 7 = ☐

3 **Résous** chaque problème. **Écris** ton équation.

a) Carabosse a 8 chats. Chaque chat mange 7 souris par jour. De combien de souris a-t-elle besoin pour nourrir ses chats chaque jour ?

Carabosse a besoin de ☐ souris.

Équation ☐

b) Zarcus le sorcier fait une potion magique. Chaque fois qu'il met une queue de lézard dans son chaudron, il doit mettre 6 ailes de chauve-souris. Dans sa potion, il met 7 queues de lézard. Combien d'ailes de chauve-souris doit-il mettre dans son chaudron ?

Zarcus doit mettre ☐ ailes de chauve-souris dans son chaudron.

Équation ☐

J'apprends

► La division

La **division** est l'opération mathématique qui permet de partager une quantité (le **dividende**) en un certain nombre de groupes égaux (le **diviseur**). Le résultat est le **quotient**. Le symbole de la division est ÷ (se dit « divisé par »).

15 billes partagées en 5 groupes égaux donnent 3 billes par groupe.

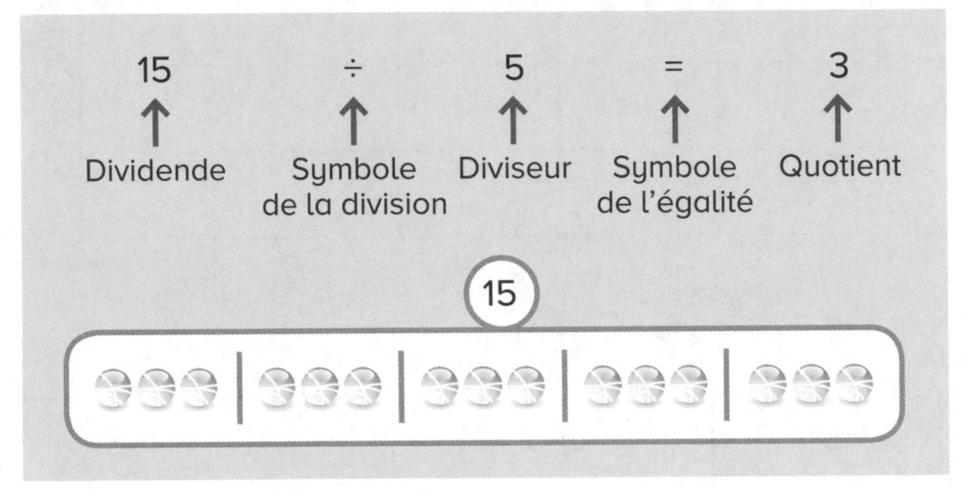

La division est l'**opération inverse** de la multiplication. Par exemple :

Division		Multiplication
$15 \div 5 = 3$	et	$5 \times 3 = 15$

Je m'exerce

1 **Résous** chaque division et **trouve** la multiplication correspondante.

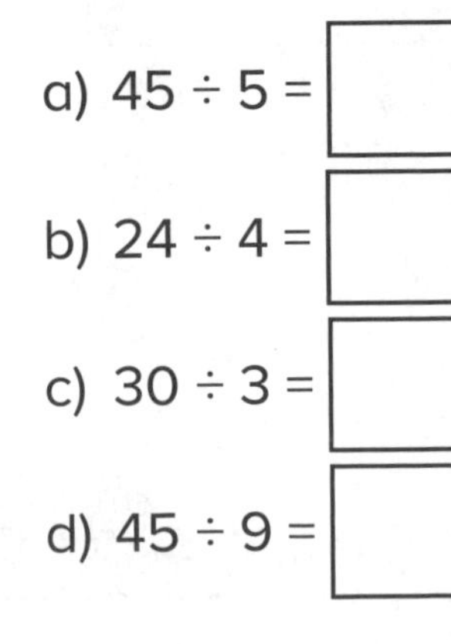

a) $45 \div 5 =$ ☐ Multiplication ☐

b) $24 \div 4 =$ ☐ Multiplication ☐

c) $30 \div 3 =$ ☐ Multiplication ☐

d) $45 \div 9 =$ ☐ Multiplication ☐

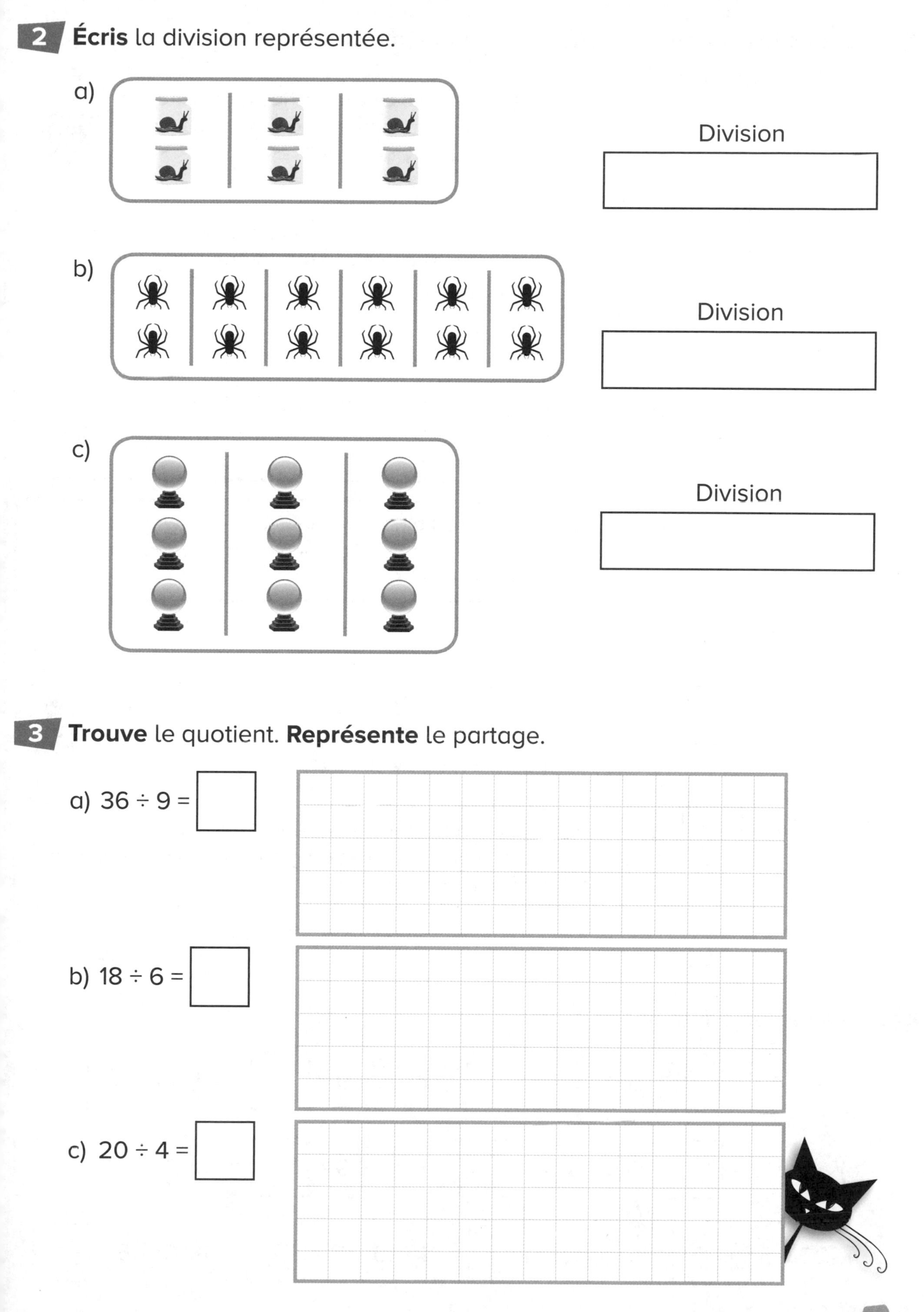

2 **Écris** la division représentée.

a)

Division

b)

Division

c)

Division

3 **Trouve** le quotient. **Représente** le partage.

a) $36 \div 9 =$ ☐

b) $18 \div 6 =$ ☐

c) $20 \div 4 =$ ☐

4 **Résous** les équations. **Relie**-les au problème correspondant.

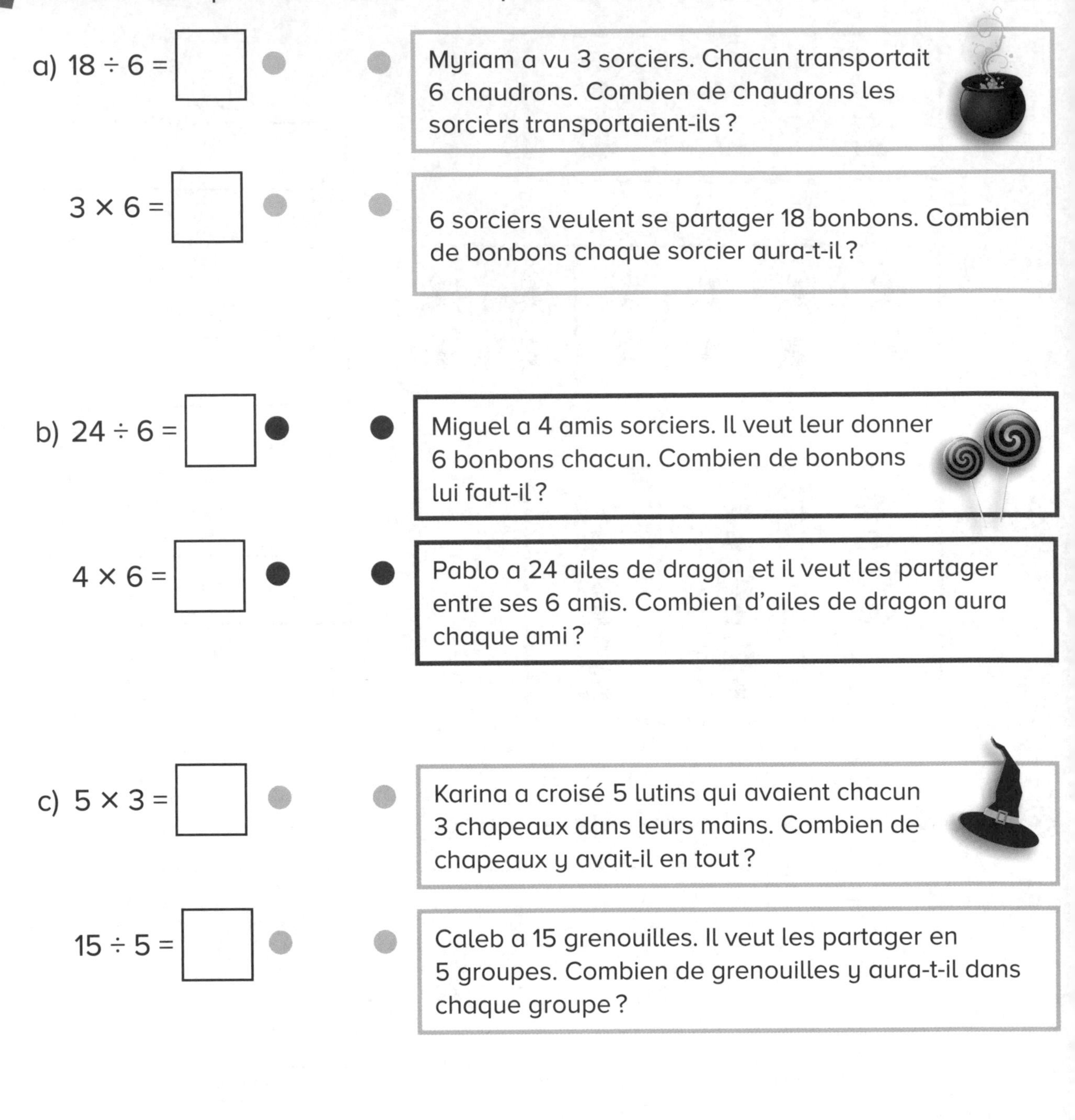

a) $18 \div 6 = \square$

$3 \times 6 = \square$

Myriam a vu 3 sorciers. Chacun transportait 6 chaudrons. Combien de chaudrons les sorciers transportaient-ils ?

6 sorciers veulent se partager 18 bonbons. Combien de bonbons chaque sorcier aura-t-il ?

b) $24 \div 6 = \square$

$4 \times 6 = \square$

Miguel a 4 amis sorciers. Il veut leur donner 6 bonbons chacun. Combien de bonbons lui faut-il ?

Pablo a 24 ailes de dragon et il veut les partager entre ses 6 amis. Combien d'ailes de dragon aura chaque ami ?

c) $5 \times 3 = \square$

$15 \div 5 = \square$

Karina a croisé 5 lutins qui avaient chacun 3 chapeaux dans leurs mains. Combien de chapeaux y avait-il en tout ?

Caleb a 15 grenouilles. Il veut les partager en 5 groupes. Combien de grenouilles y aura-t-il dans chaque groupe ?

5 **Résous** les équations.

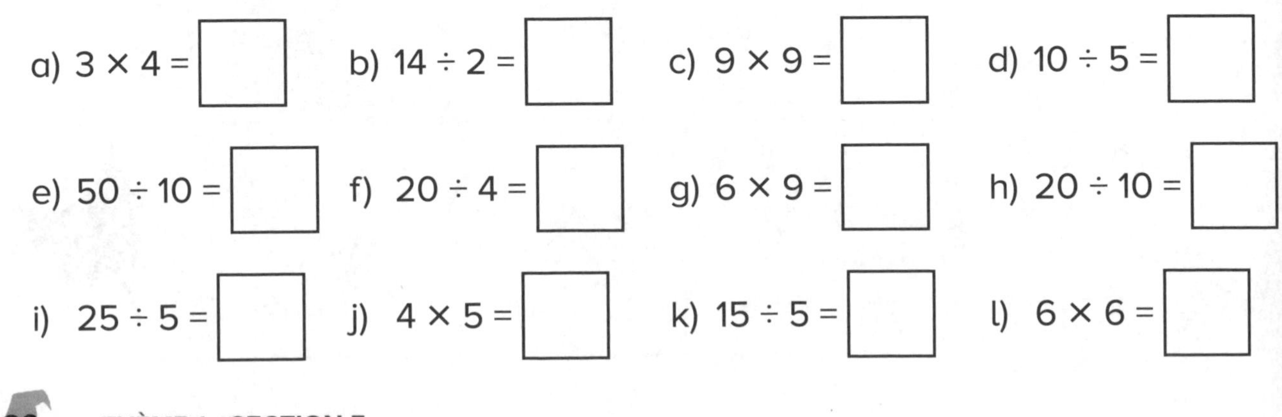

a) $3 \times 4 = \square$

b) $14 \div 2 = \square$

c) $9 \times 9 = \square$

d) $10 \div 5 = \square$

e) $50 \div 10 = \square$

f) $20 \div 4 = \square$

g) $6 \times 9 = \square$

h) $20 \div 10 = \square$

i) $25 \div 5 = \square$

j) $4 \times 5 = \square$

k) $15 \div 5 = \square$

l) $6 \times 6 = \square$

6 **Résous** chaque problème. **Écris** l'équation.

a) Madame Folichonne veut donner à chacun de ses élèves 4 plumes. S'il y a 9 élèves dans sa classe, de combien de plumes aura-t-elle besoin ?

Elle aura besoin de ☐ plumes.

b) Madame Zelda met des araignées à 5 pattes dans sa potion. Combien de pattes y aura-t-il dans sa potion si elle y met 6 araignées à 5 pattes ?

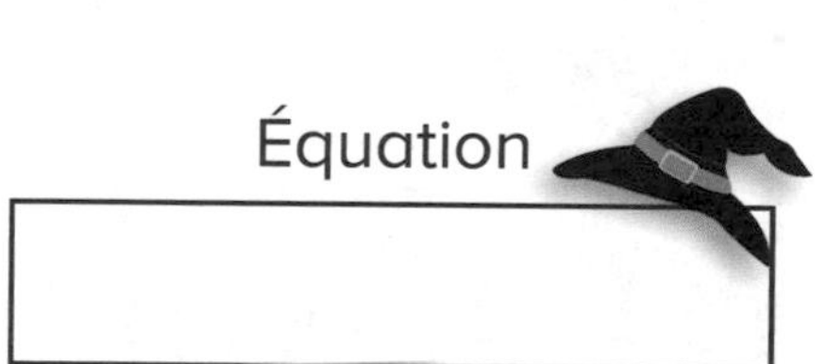

Il y aura ☐ pattes dans sa potion.

c) Lorsqu'on place un objet dans le chapeau à malices, on en retire 7 fois ce même objet. Combien d'objets Merlin doit-il placer dans le chapeau à malices pour en obtenir 42 ?

Équation

Il doit placer ☐ objets dans le chapeau à malices.

7 Monsieur Calculus affirme ceci à ses élèves : « Si on met 4 ingrédients par chaudron dans 9 chaudrons, on a besoin de 36 ingrédients. Si on met 9 ingrédients par chaudron dans 4 chaudrons, on a également besoin de 36 ingrédients. » Est-ce vrai ? Justifie ta réponse.

Je raisonne

Potironne range toujours ses potions dans des coffres. Dans un coffre, elle peut mettre :

- 5 potions de rajeunissement ;

  ou

- 8 potions de vérité absolue ;

  ou

- 9 potions d'apparence douteuse.

Potironne a 25 potions de rajeunissement, 32 potions de vérité absolue et 45 potions d'apparence douteuse.

De combien de coffres a-t-elle besoin pour ranger l'ensemble de ses potions ? Justifie ta réponse.

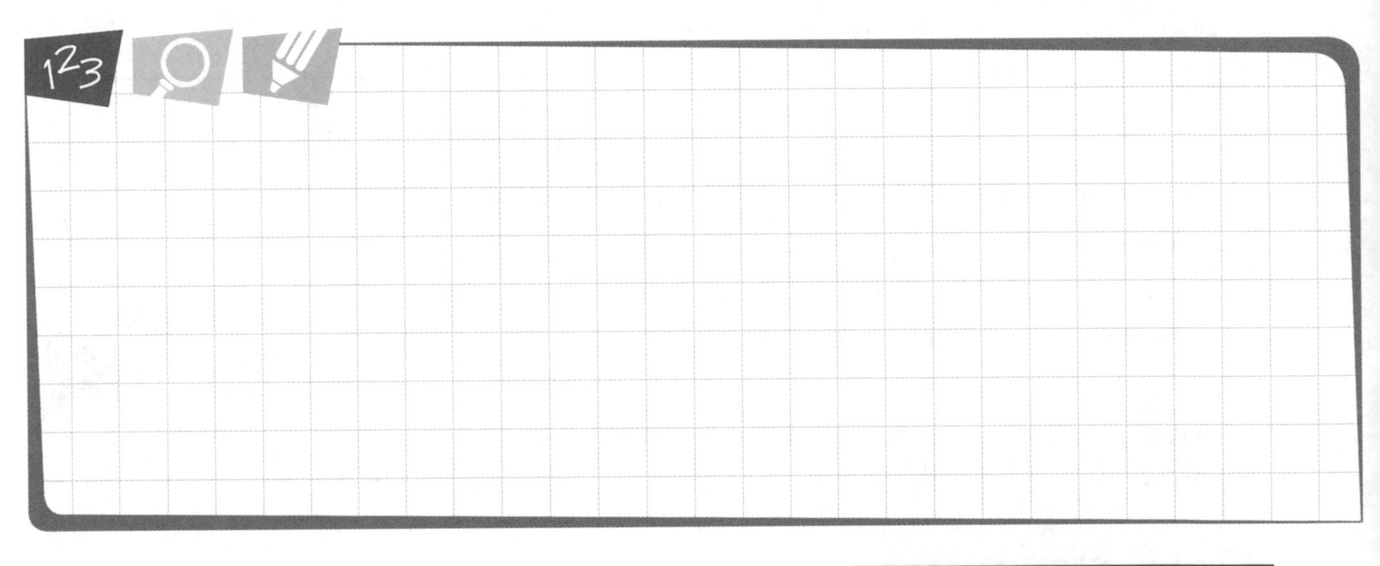

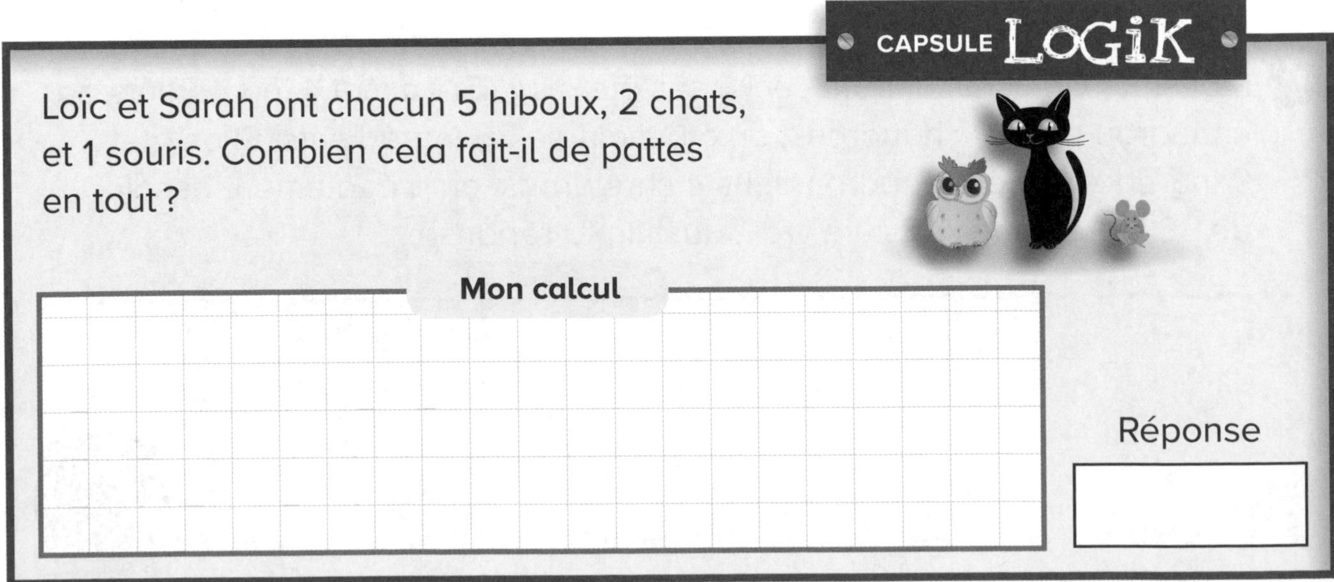

J'apprends

► L'addition des nombres à 4 chiffres

Additionner, c'est trouver la **somme** de 2 nombres (ou **termes**). Voici comment trouver la somme de 2 nombres à 4 chiffres.

On additionne, dans l'ordre, les unités, les dizaines, les centaines et les unités de mille. Si un résultat est supérieur à 9, on fait un échange. L'échange devient une **retenue**.

L'exemple suivant montre l'addition des nombres 3407 et 2885 en 4 étapes.

1	2	3	4
Addition des unités (avec échange)	Addition des dizaines	Addition des centaines (avec échange)	Addition des unités de mille

1

	um	c	d	u
			1	
	3	4	0	7
+	2	8	8	5
				2

2

	um	c	d	u
			1	
	3	4	0	7
+	2	8	8	5
			9	2

3

	um	c	d	u
	1		1	
	3	4	0	7
+	2	8	8	5
		2	9	2

4

	um	c	d	u
	1		1	
	3	4	0	7
+	2	8	8	5
	6	2	9	2

Je m'exerce

1 **Trouve** le résultat de ces additions.

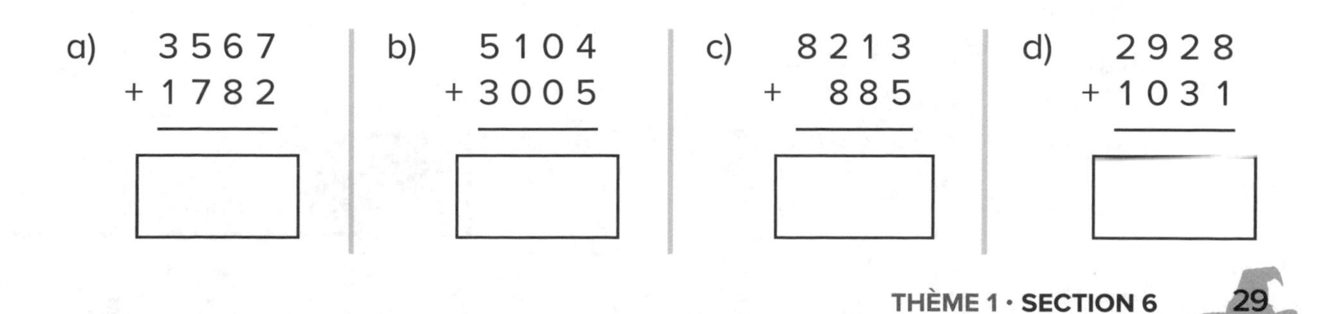

a) 3567 + 1782 = ☐

b) 5104 + 3005 = ☐

c) 8213 + 885 = ☐

d) 2928 + 1031 = ☐

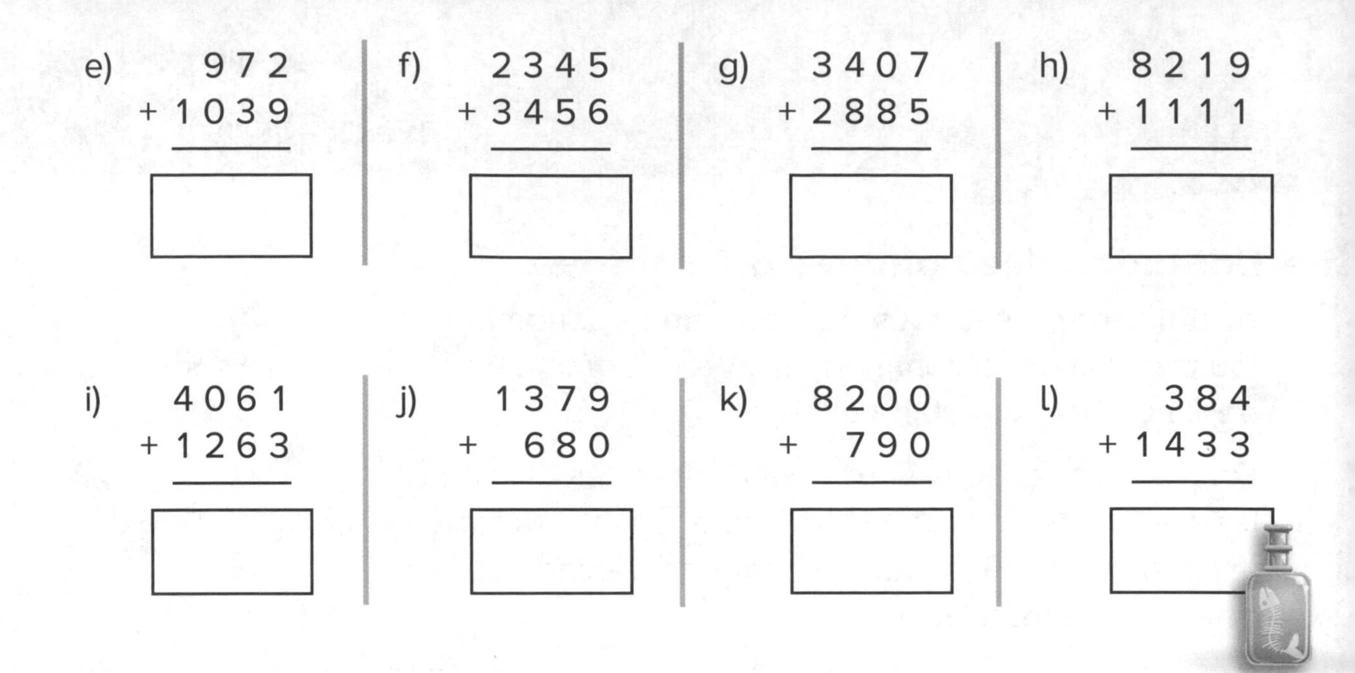

2 **Résous** ces problèmes.

a) L'année dernière, Madame Pustula a mémorisé 1165 sortilèges. Cette année, elle en a mémorisé 1099. Combien de sortilèges a-t-elle mémorisés en 2 ans ?

Elle a mémorisé ______ sortilèges en 2 ans.

Mon calcul

b) L'été dernier, Saturnin L'Enchanteur a observé 2213 étoiles. À l'automne, il en a observé 1872. Combien d'étoiles a-t-il observées en tout ?

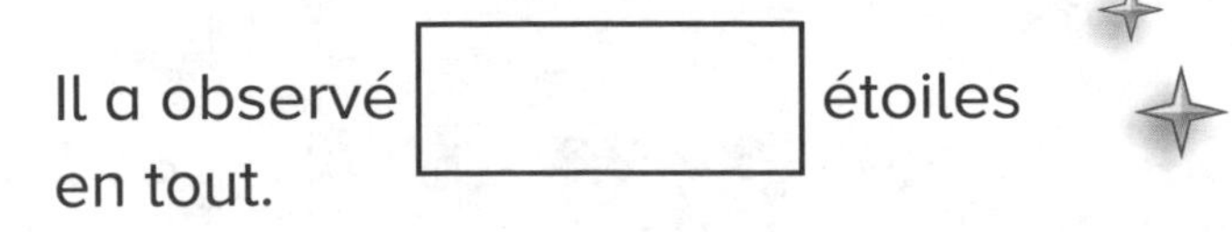

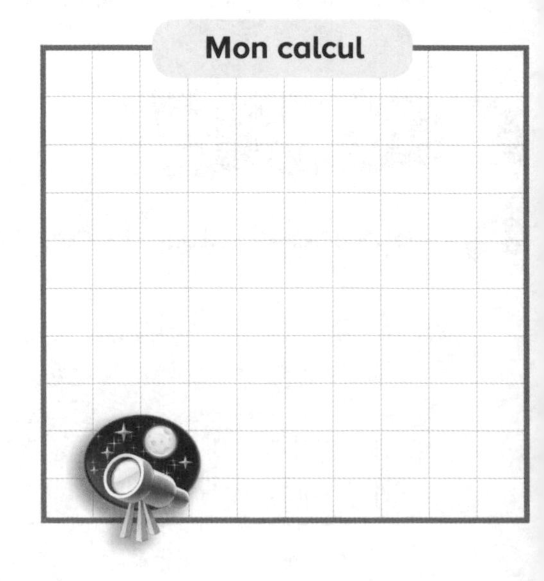

J'apprends

▸ La soustraction des nombres à 4 chiffres

Soustraire, c'est trouver la **différence** entre 2 nombres. Voici comment soustraire 2 nombres à 4 chiffres.

On soustrait, dans l'ordre, les unités, les dizaines, les centaines et les unités de mille. Si nécessaire, on fait un échange. Il y a alors un **emprunt**. Ainsi, on peut échanger 1 dizaine contre 10 unités ou 1 centaine contre 10 dizaines ou encore 1 unité de mille contre 10 centaines.

L'exemple suivant montre la soustraction des nombres 4297 et 1582 en 4 étapes.

1 Soustraction des unités

um	c	d	u
4	2	9	7
− 1	5	8	2
			5

2 Soustraction des dizaines

um	c	d	u
4	2	9	7
− 1	5	8	2
		1	5

3 Soustraction des centaines (avec échange)

um	c	d	u
3	1		
~~4~~	2	9	7
− 1	5	8	2
	7	1	5

4 Soustraction des unités de mille

um	c	d	u
3	1		
~~4~~	2	9	7
− 1	5	8	2
2	7	1	5

Le cas du 0

Dans une soustraction, il y a parfois un 0 à la position où l'on doit emprunter. Dans ce cas, il faut aller emprunter à la position précédente.

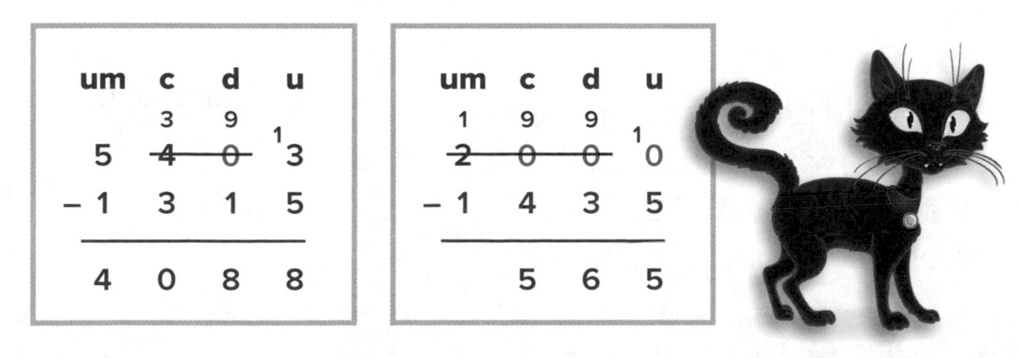

um	c	d	u
	3	9	1
5	~~4~~	~~0~~	3
− 1	3	1	5
4	0	8	8

um	c	d	u
1	9	9	1
~~2~~	~~0~~	~~0~~	0
− 1	4	3	5
	5	6	5

Je m'exerce

1 **Trouve** le résultat de ces soustractions.

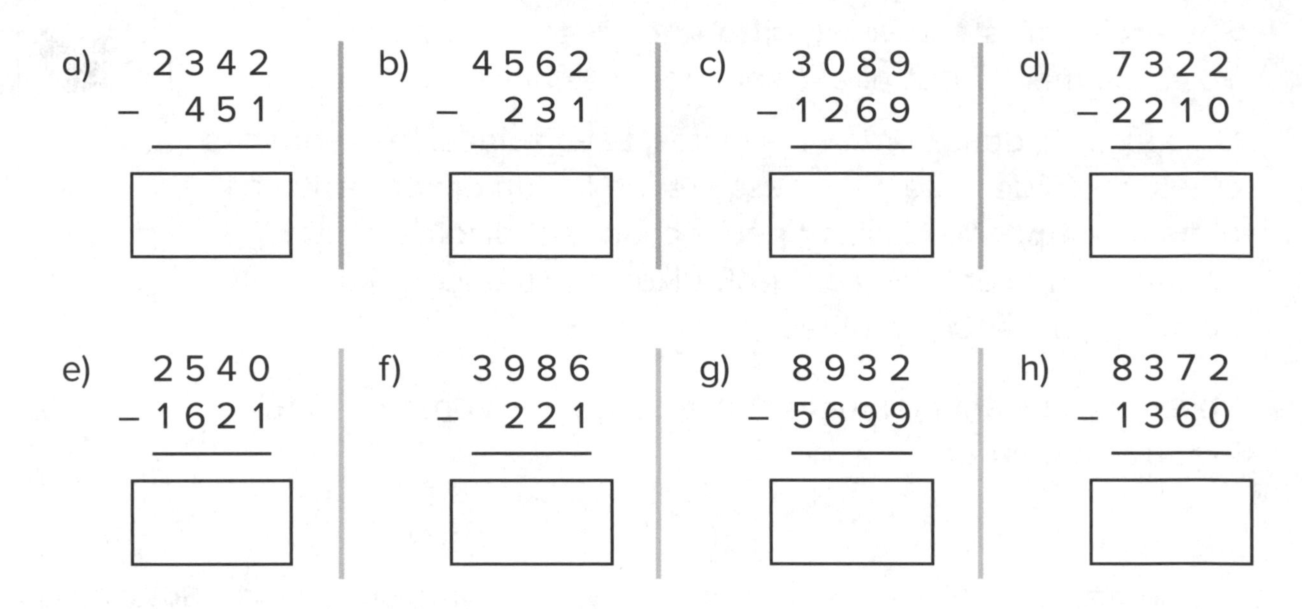

a) 2342 − 451 = ☐

b) 4562 − 231 = ☐

c) 3089 − 1269 = ☐

d) 7322 − 2210 = ☐

e) 2540 − 1621 = ☐

f) 3986 − 221 = ☐

g) 8932 − 5699 = ☐

h) 8372 − 1360 = ☐

2 **Résous** ces problèmes.

a) La sorcière Lison fabrique elle-même ses produits de laideur. Hier, elle en a fabriqué 1143 tubes. Il lui en reste 627 tubes. Combien de tubes a-t-elle utilisés jusqu'à maintenant ?

Elle a utilisé ☐ tubes.

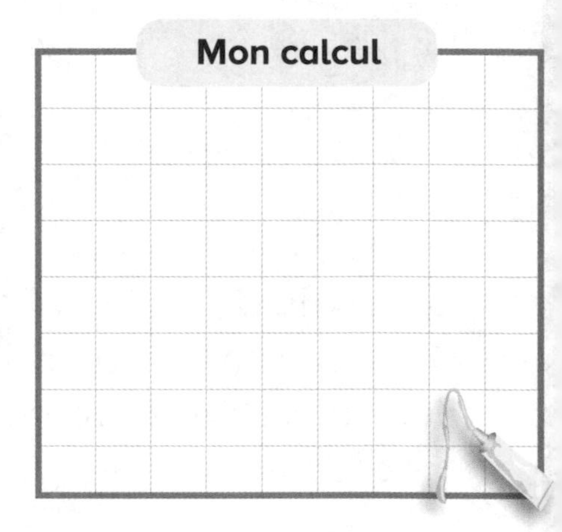

b) En début d'année, le professeur Apoticus possédait une réserve de 1000 flacons. Depuis, il a dû remplacer 119 flacons brisés. Combien de flacons lui reste-t-il ?

Il lui reste ☐ flacons.

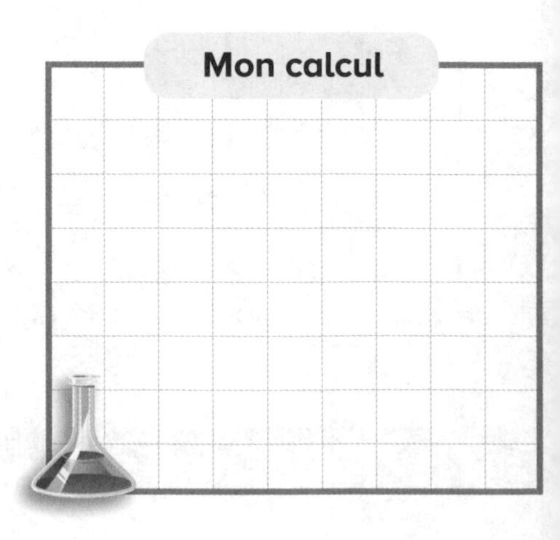

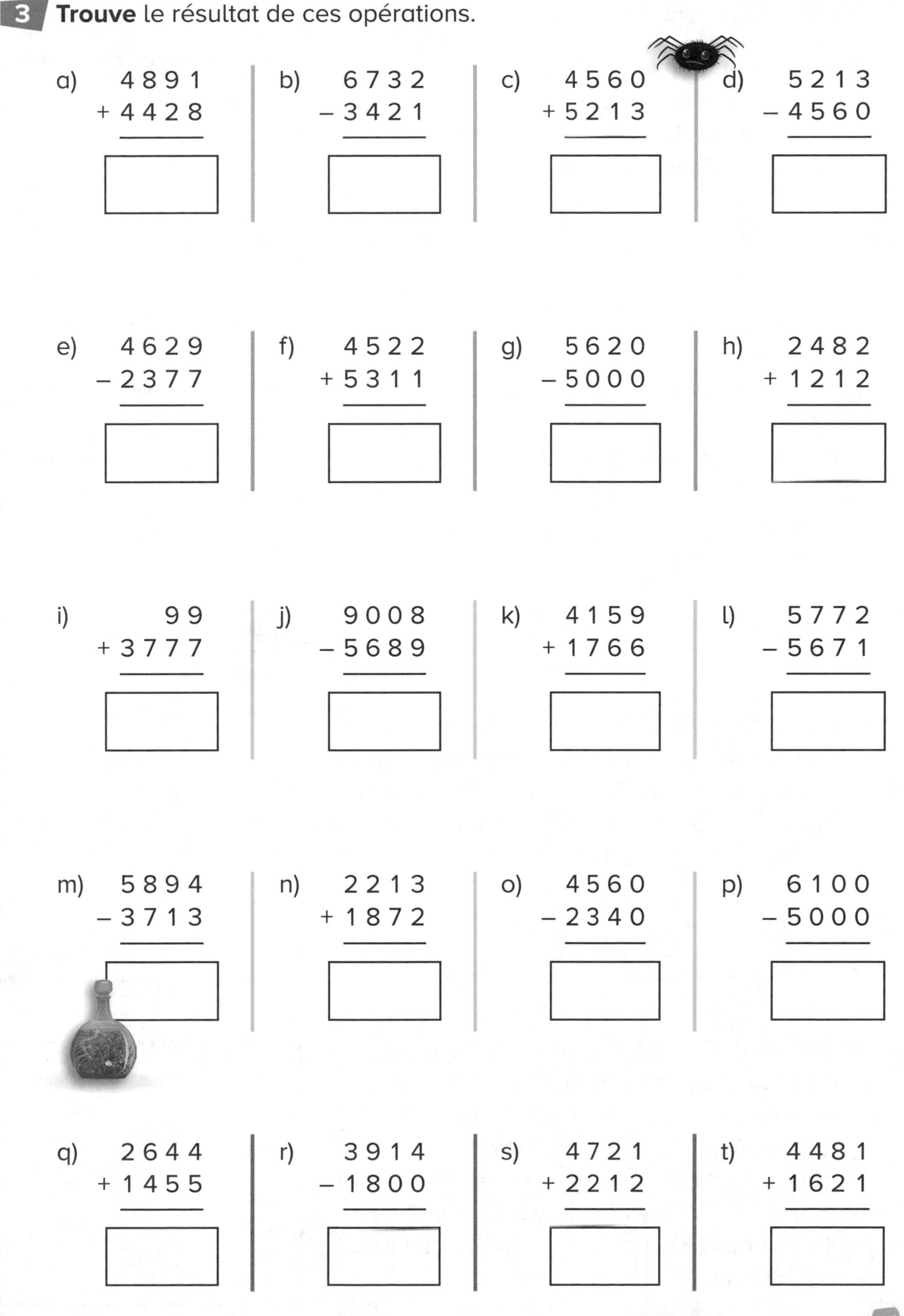

3 **Trouve** le résultat de ces opérations.

a) $4891 + 4428 =$ ☐

b) $6732 - 3421 =$ ☐

c) $4560 + 5213 =$ ☐

d) $5213 - 4560 =$ ☐

e) $4629 - 2377 =$ ☐

f) $4522 + 5311 =$ ☐

g) $5620 - 5000 =$ ☐

h) $2482 + 1212 =$ ☐

i) $99 + 3777 =$ ☐

j) $9008 - 5689 =$ ☐

k) $4159 + 1766 =$ ☐

l) $5772 - 5671 =$ ☐

m) $5894 - 3713 =$ ☐

n) $2213 + 1872 =$ ☐

o) $4560 - 2340 =$ ☐

p) $6100 - 5000 =$ ☐

q) $2644 + 1455 =$ ☐

r) $3914 - 1800 =$ ☐

s) $4721 + 2212 =$ ☐

t) $4481 + 1621 =$ ☐

4 **Résous** les problèmes.

a) À l'aide du sortilège « envole-toi », Wilfred a fait voler 1435 élèves. Son ami Zarco a fait voler 2009 élèves. Combien d'élèves Wilfred et Zarco ont-ils fait voler en tout ?

Ils ont fait voler ☐ élèves en tout.

Mon calcul

b) Le livre de potions magiques comprend 4312 pages. Zirkon a déjà lu 2408 pages. Combien de pages lui reste-t-il à lire ?

Il lui reste ☐ pages à lire.

Mon calcul

c) Madame Spring a visité 2 magasins pour acheter des souris. Dans le premier magasin, elle a acheté 3429 souris. Dans le deuxième magasin, elle a acheté 2876 souris. Combien de souris a-t-elle achetées en tout ?

Elle a acheté ☐ souris.

Mon calcul

d) En début d'année, il y avait 1732 élèves à l'école des sorciers. Depuis, 126 élèves sont partis et 79 nouveaux élèves sont arrivés. Combien y a-t-il d'élèves maintenant à l'école des sorciers ?

Il y a maintenant ☐ élèves à l'école des sorciers.

Mon calcul

Je raisonne

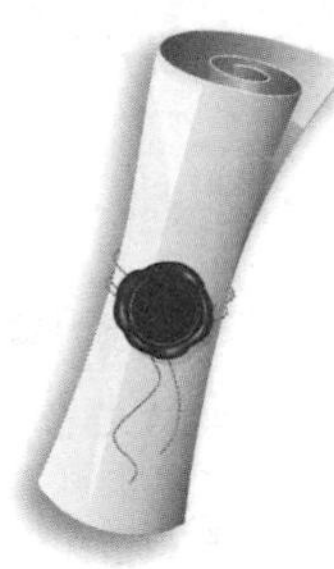

Pour recevoir leur diplôme de sorcellerie, les élèves de l'école Énigma doivent amasser 2345 points.

- Lors de la première année, Henriette a gagné 1038 points. Cependant, elle a brisé sa baguette, ce qui lui a fait perdre 99 points.
- Lors de la deuxième année, elle a gagné 849 points.

Combien de points doit-elle gagner au cours de sa troisième année pour recevoir son diplôme de sorcellerie ? Justifie ta réponse.

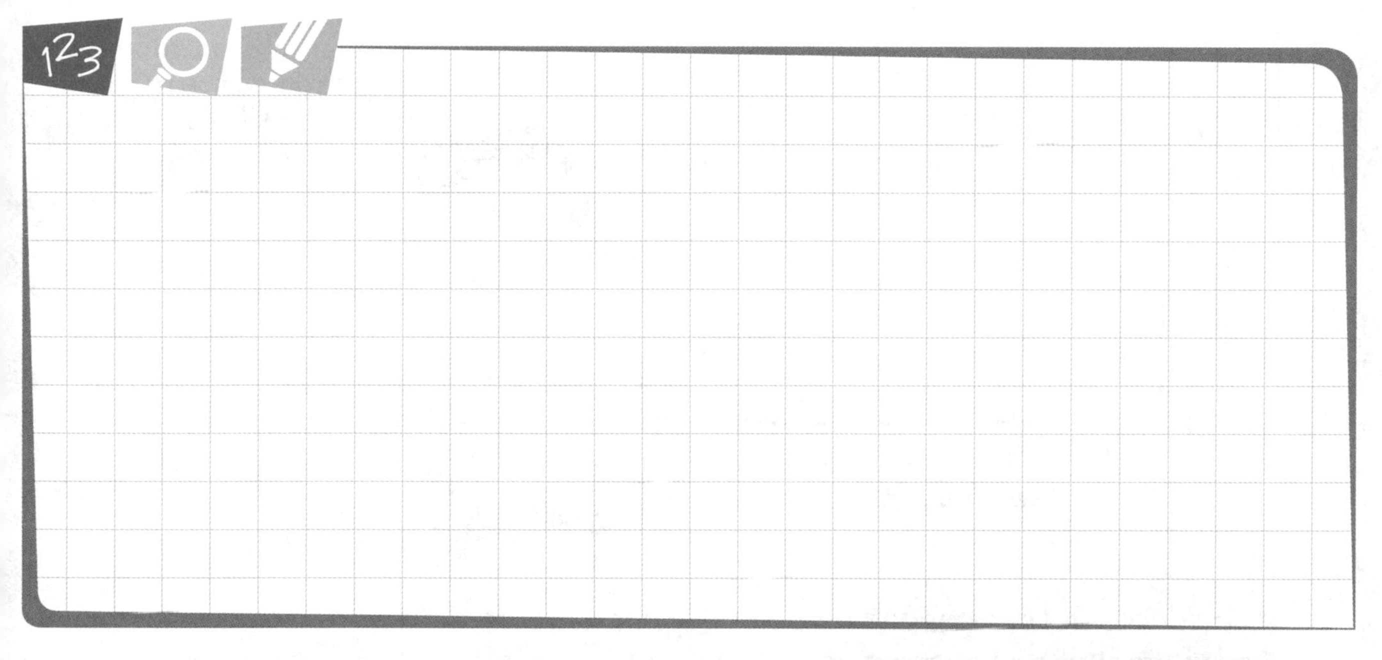

CAPSULE LOGiK

Trouve les nombres manquants.

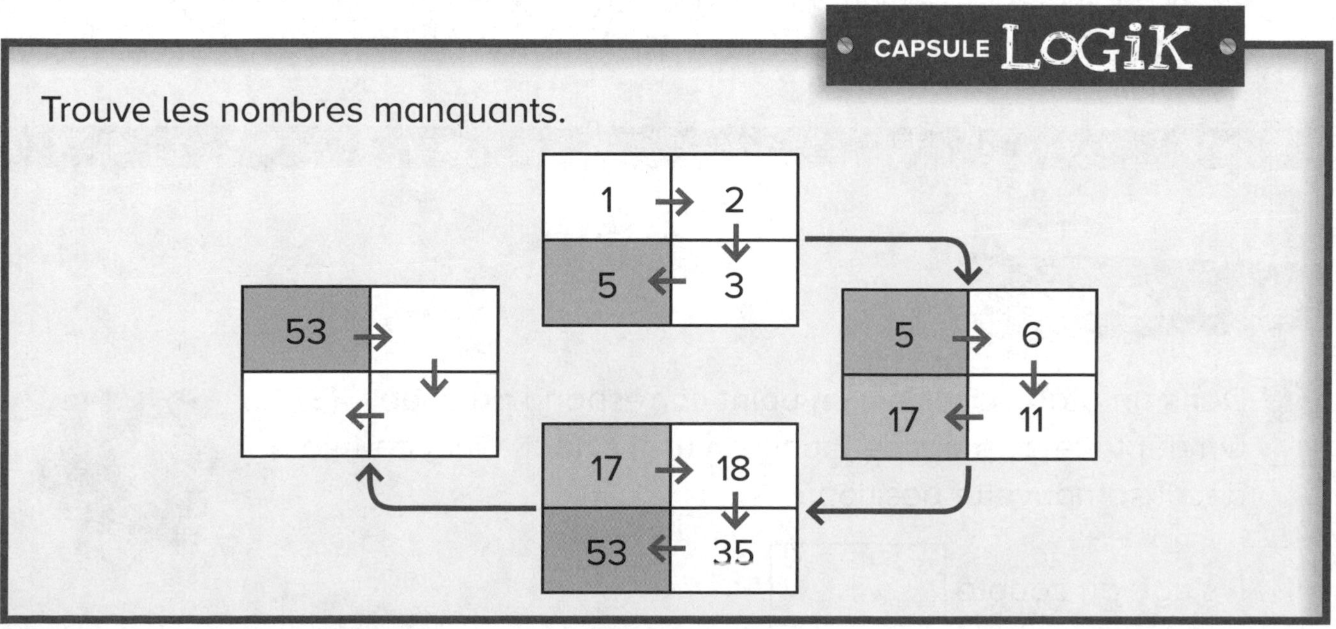

J'apprends

▸ Le plan cartésien

Un **plan** est un **système de repérage** qui permet de situer un objet, un lieu ou un point.

Pour situer un point de façon précise, on peut utiliser un plan cartésien. Le **plan cartésien** est formé de 2 axes : un axe horizontal et un axe vertical. Dans un plan cartésien, chaque point est représenté par un **couple de nombres**.

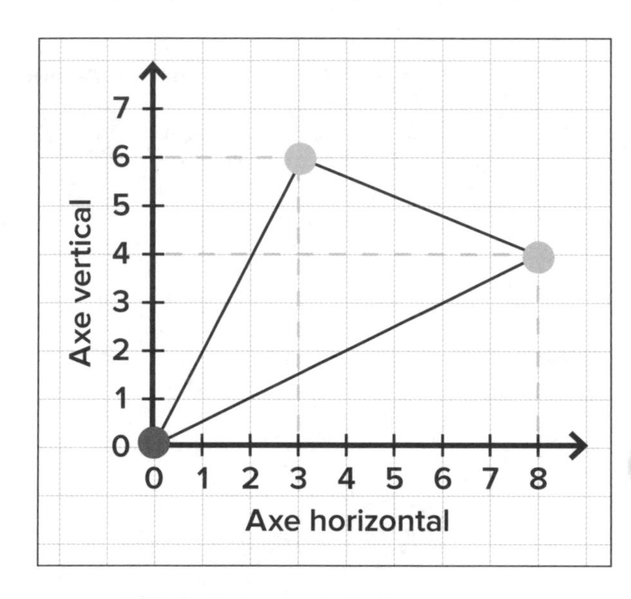

Pour noter un couple, on commence par le nombre situé sur l'axe horizontal.

En reliant les points des couples (3, 6), (0, 0) et (8, 4), on voit apparaître un triangle.

Le couple qui correspond au point de rencontre de l'axe horizontal et de l'axe vertical est (0, 0). On le nomme « **origine** ».

Je m'exerce

1 Dans un plan cartésien, un point correspond au couple (3, 4). On déplace ce point de 2 unités vers le haut. Quel couple décrit sa nouvelle position ?

Il s'agit du couple ______ .

2 **Écris** les couples de nombres qui correspondent aux pointes de ces 2 étoiles.

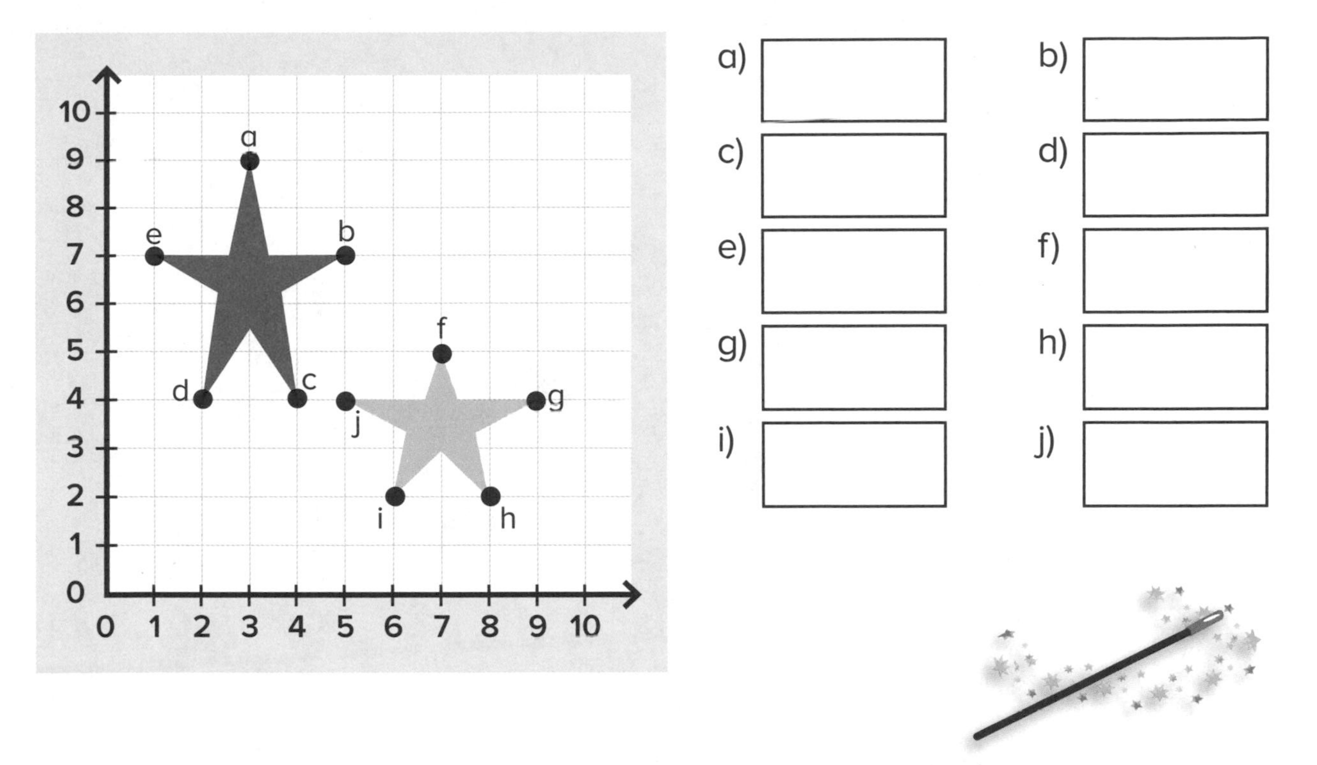

3 **Place** les points dans le plan cartésien. **Inscris** les lettres en ordre près des points. Puis, **relie**-les pour découvrir la figure secrète.

a) (6, 8) b) (8, 2)
c) (10, 2) d) (10, 1)
e) (1, 1) f) (1, 2)
g) (3, 2) h) (5, 7)
i) (6, 9) j) (7, 8)
k) (6, 8)

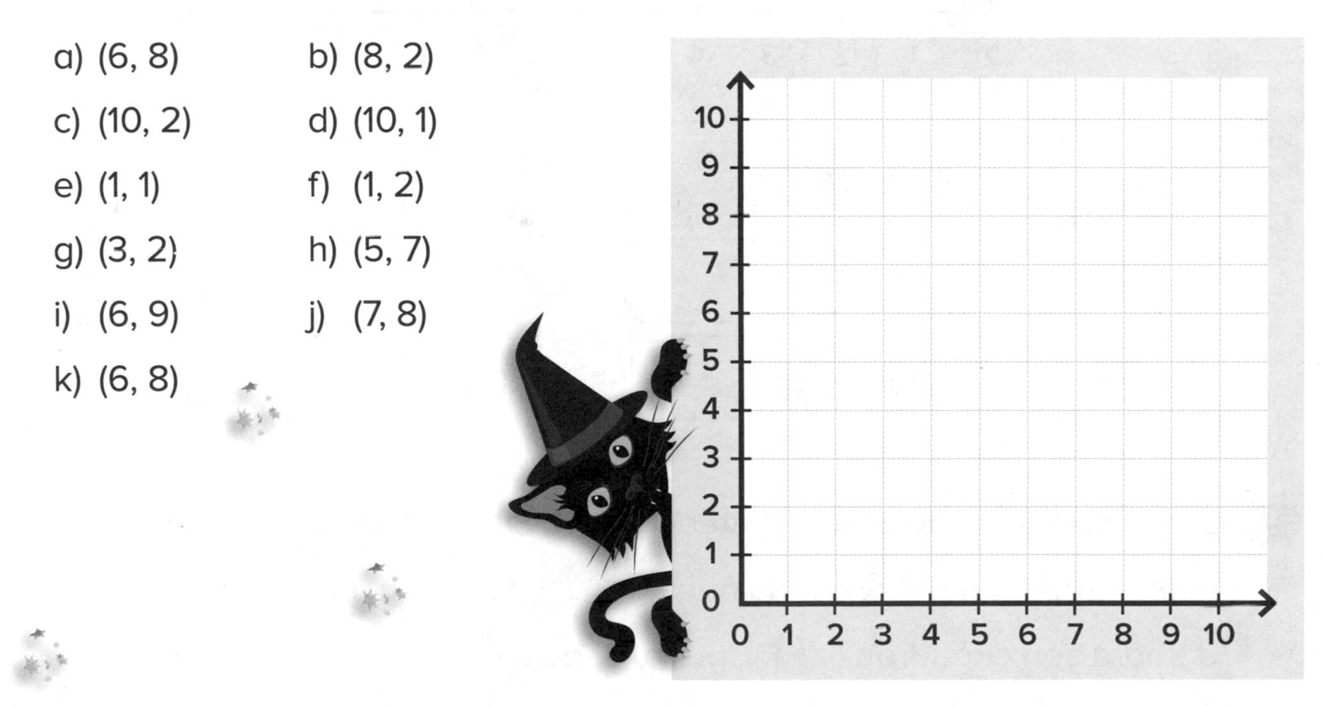

La figure secrète ressemble à : ______________________ .

4 Lunos, la sorcière distraite, égare souvent ses objets. Pour l'aider à les retrouver, **écris** le couple correspondant à l'emplacement des objets situés dans le plan cartésien.

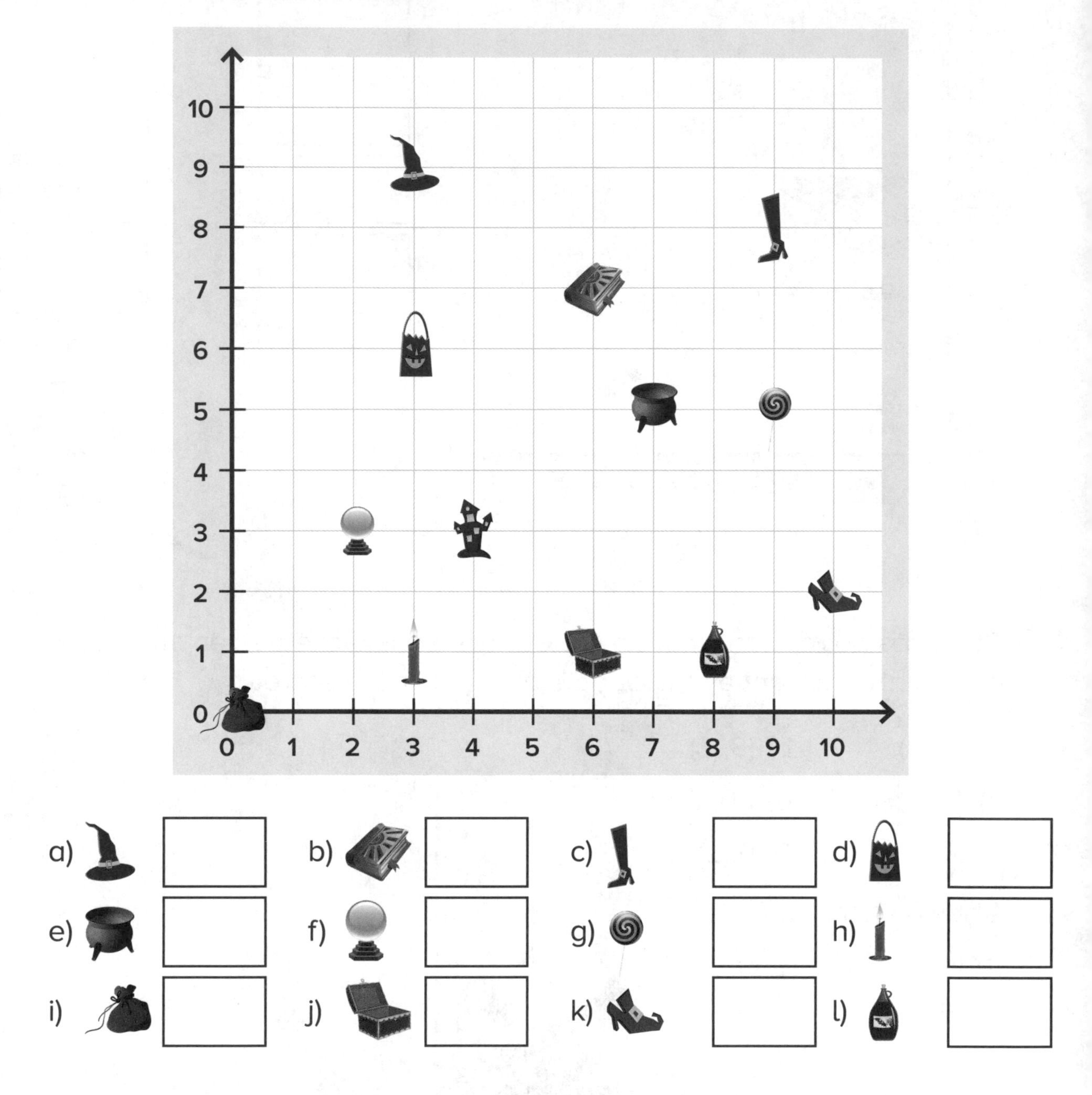

5 Lunos se trouve dans son château ( ). Elle doit se rendre chez le marchand de potions magiques ( ). En chemin, elle veut prendre d'abord son chaudron ( ), puis un sac d'épices magiques ( ). **Écris** les couples correspondant au trajet qu'elle doit suivre.

Je raisonne

Voici les trajets suivis par Zéclair et Stratago pour amasser des bonbons.

Trajet de Zéclair (dans l'ordre)	**Trajet de Stratago (dans l'ordre)**
(1, 1) (3, 4) (1, 6) (6, 7) (8, 2) (1, 1)	(2, 9) (9, 9) (10, 4) (9, 0) (6, 8) (2, 9)

Les bonbons qui se trouvent à l'intérieur du trajet sont ceux que chacun a amassés. Sachant que correspond à 100 bonbons et que correspond à 200 bonbons, trouve lequel des 2 amis a amassé le plus de bonbons. Justifie ta réponse.

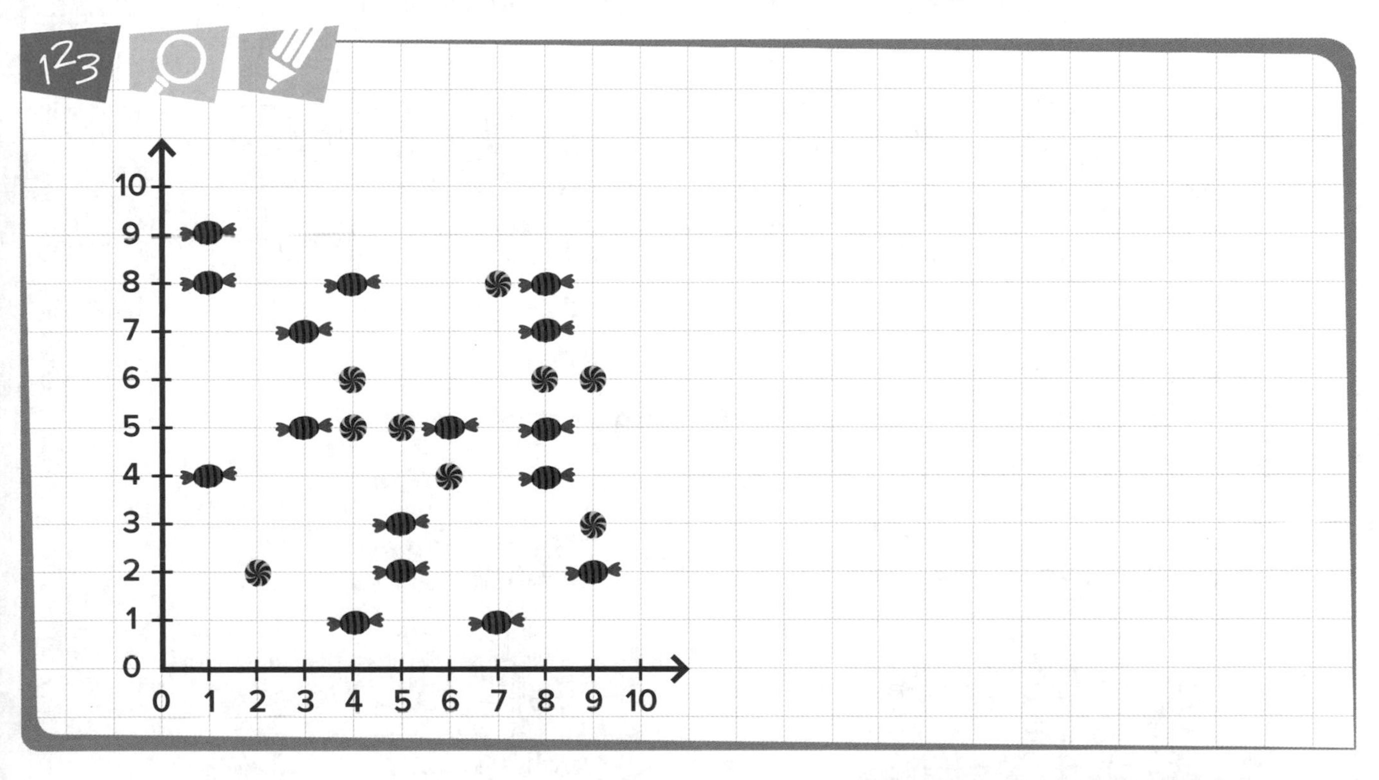

CAPSULE LOGiK

Complète la figure dans le plan cartésien de droite.

11
10
9
8
7
6
5
4
3
2
1
0
0 1 2 3 4 5 6 7 8 9 10 11

11
10
9
8
7
6
5
4
3
2
1
0
0 1 2 3 4 5 6 7 8 9 10 11

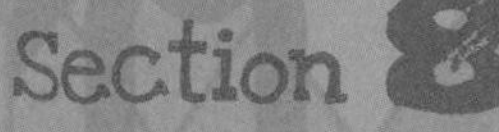

J'apprends

▸ Les termes manquants

Un **terme manquant** est un nombre qu'on doit trouver dans une **équation** afin d'obtenir une égalité.

L'addition

Pour trouver le terme manquant dans une addition, on utilise la soustraction. Autrement dit, on fait l'opération inverse.

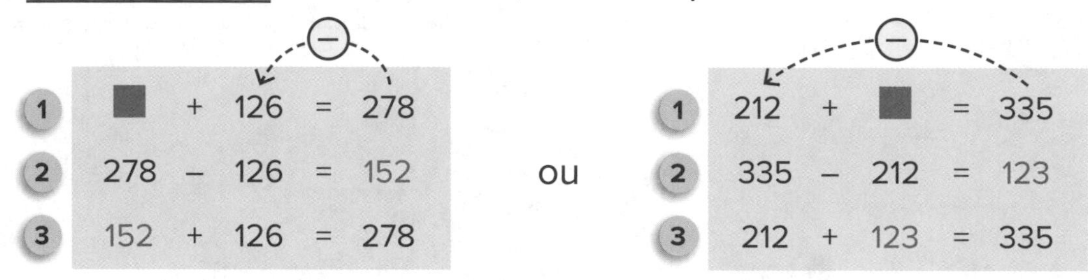

La soustraction

Pour trouver le terme manquant dans une soustraction, on utilise soit l'addition, soit la soustraction.

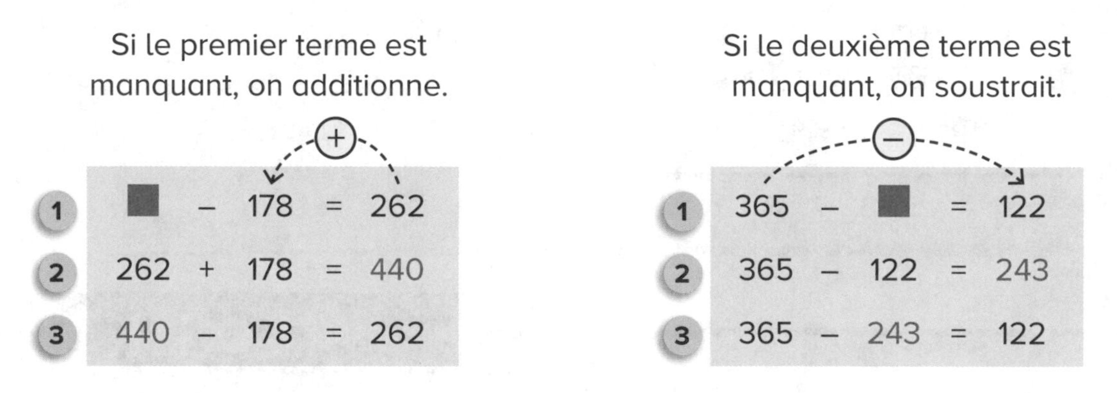

La multiplication

Pour trouver le terme manquant dans une multiplication, on utilise la division. Autrement dit, on fait l'opération inverse.

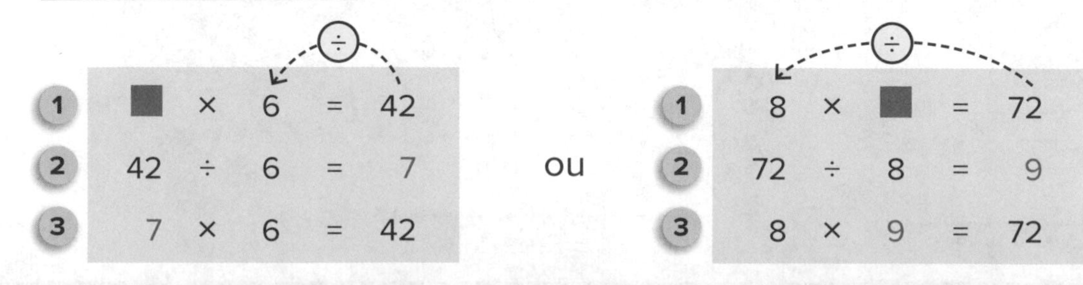

Je m'exerce

1 **Écris** l'équation qui permet de trouver le terme manquant.

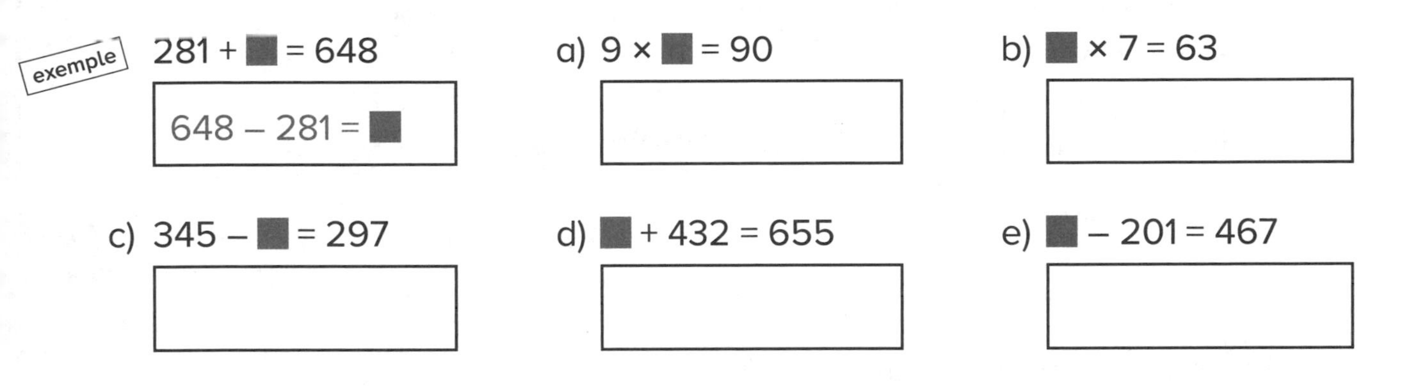

exemple 281 + ■ = 648 → 648 – 281 = ■

a) 9 × ■ = 90

b) ■ × 7 = 63

c) 345 – ■ = 297

d) ■ + 432 = 655

e) ■ – 201 = 467

2 **Écris** le terme manquant dans chacune des équations. **Repère** ta réponse dans le tableau ci-contre et **fais un ×** dessus. Le nombre qui reste est le nombre mystère.

46	45	375
634	222	7
345	32	199

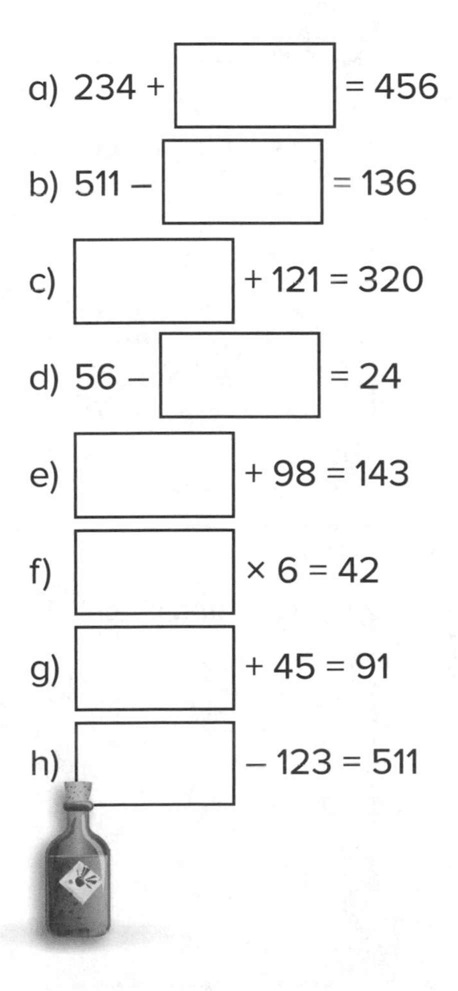

a) 234 + ☐ = 456

b) 511 – ☐ = 136

c) ☐ + 121 = 320

d) 56 – ☐ = 24

e) ☐ + 98 = 143

f) ☐ × 6 = 42

g) ☐ + 45 = 91

h) ☐ – 123 = 511

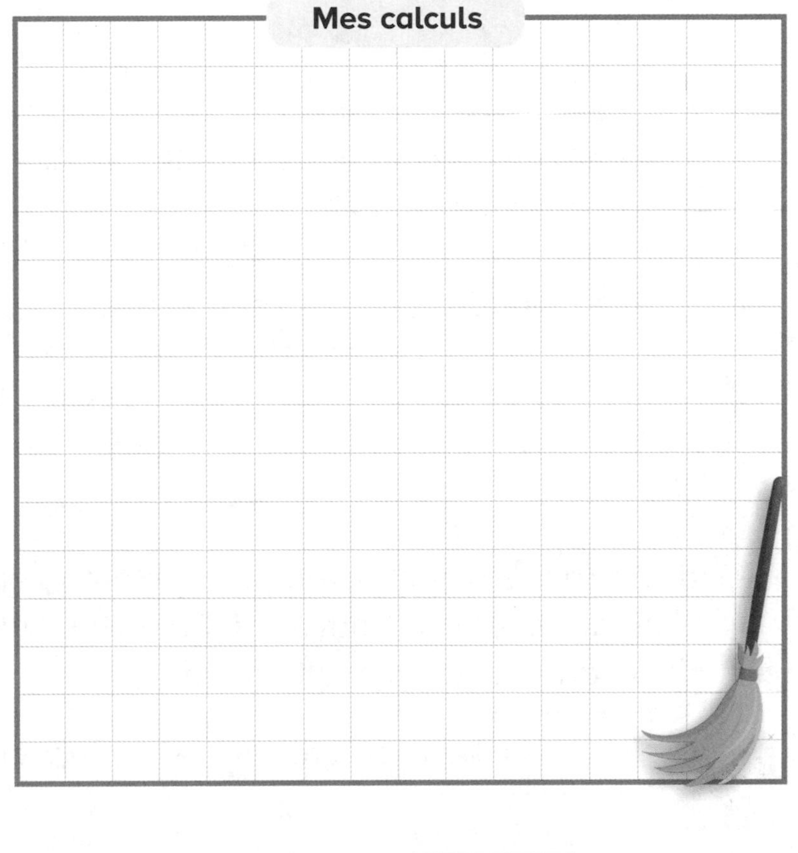

Le nombre mystère est : 

3 **Résous** les problèmes.

a) Vilainemine a mis 345 pattes d'araignées dans son chaudron. Combien de pattes d'araignées lui manque-t-il pour en avoir 456 ?

Il lui manque ☐ pattes d'araignées.

Mon calcul

b) Érudicius adore les livres d'histoire et de magie. Il a lu 102 livres d'histoire. Combien de livres de magie a-t-il lus s'il a lu 309 livres en tout ?

Il a lu ☐ livres de magie.

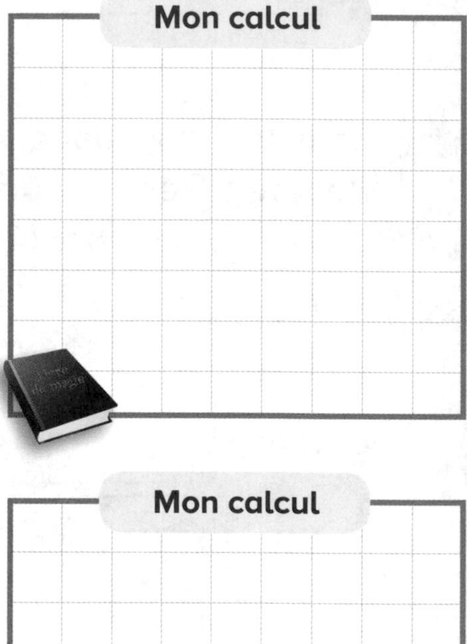

Mon calcul

c) Chapeline a fabriqué 287 chapeaux. Combien de chapeaux a-t-elle vendus s'il lui en reste 159 ?

Elle a vendu ☐ chapeaux.

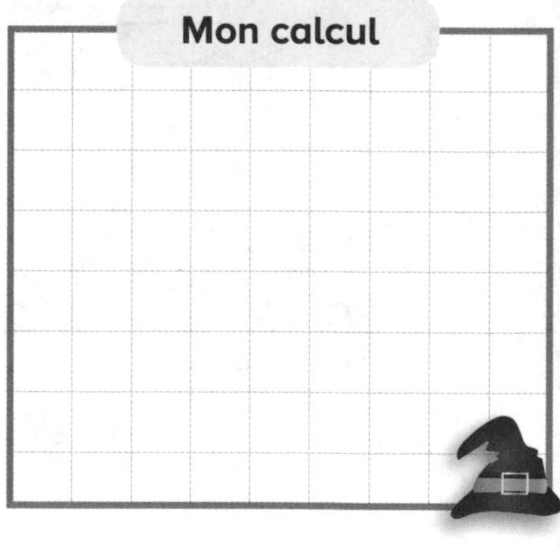

Mon calcul

d) Batracius a caché 465 yeux de grenouilles. Scarlatine en a trouvé 211. Combien d'yeux de grenouilles restent cachés ?

☐ yeux de grenouilles restent cachés.

Mon calcul

Je raisonne

Le sorcier Igor est le plus vieux sorcier du monde.

- Dans 234 ans, il aura 1002 ans.
- Si on enlève 534 ans à son âge actuel, on obtient l'âge de son fils.

Quel âge a le fils d'Igor ? Justifie ta réponse.

CAPSULE LOGIK

Trouve les nombres manquants.

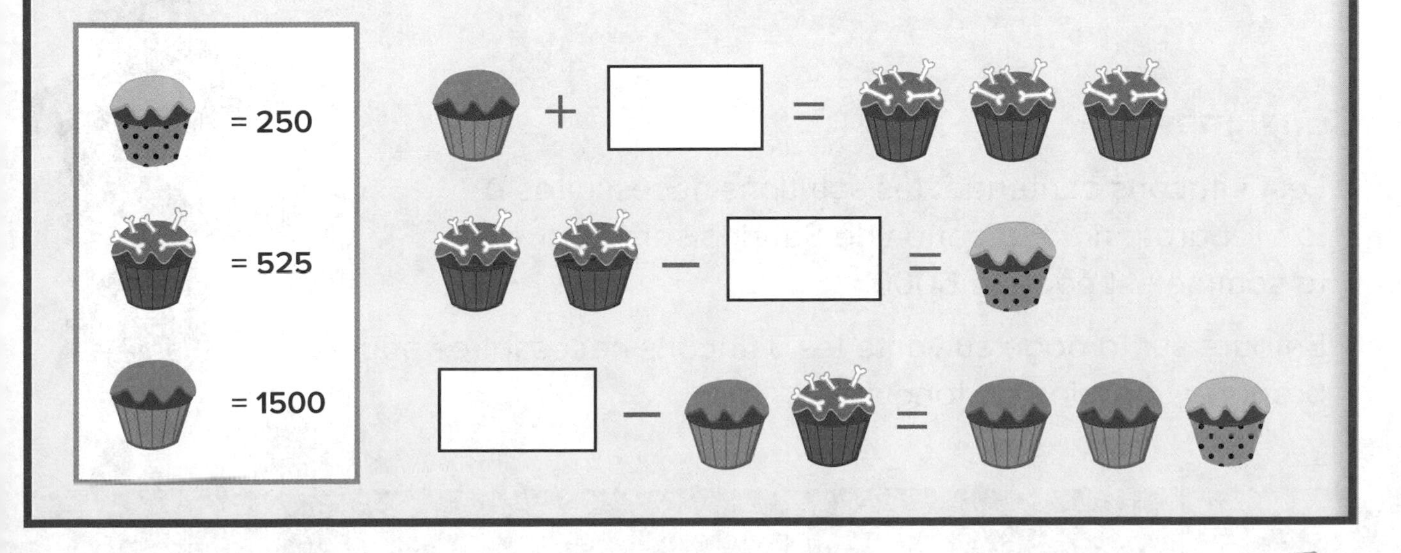

Sorcière en herbe

Sabrina veut fabriquer une potion de longue vie. Pour y arriver, elle doit mélanger le contenu de 3 flacons. Cependant, elle ne sait pas quels flacons choisir. Pour l'aider, cherche les flacons présentés ci-dessous dans les pages 2 à 43. Près de chaque flacon se trouve un nombre. Reporte ce nombre dans les cases sous les flacons. Puis, suis les consignes au bas de la page.

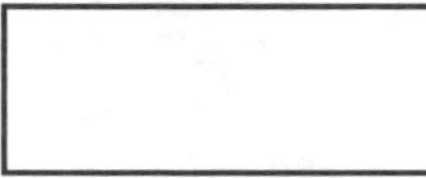
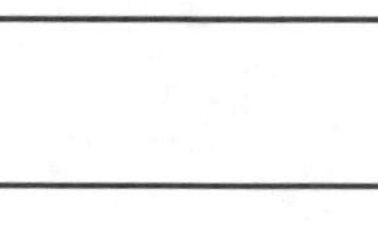

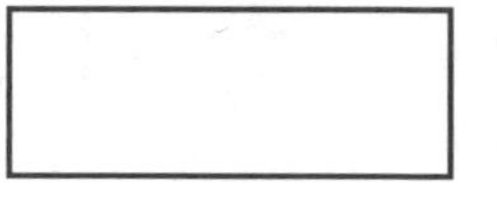

Consignes

- Les 3 flacons contenant les solutions nécessaires à la préparation de la potion de Sabrina sont ceux dont la somme est égale à 5000.
- Entoure sur la page suivante les 3 flacons nécessaires pour préparer la potion de longue vie.

THÈME 1

Révision | Sections 1 à 8

Arithmétique

1 Dans le tableau de numération, **écris** le nombre représenté.

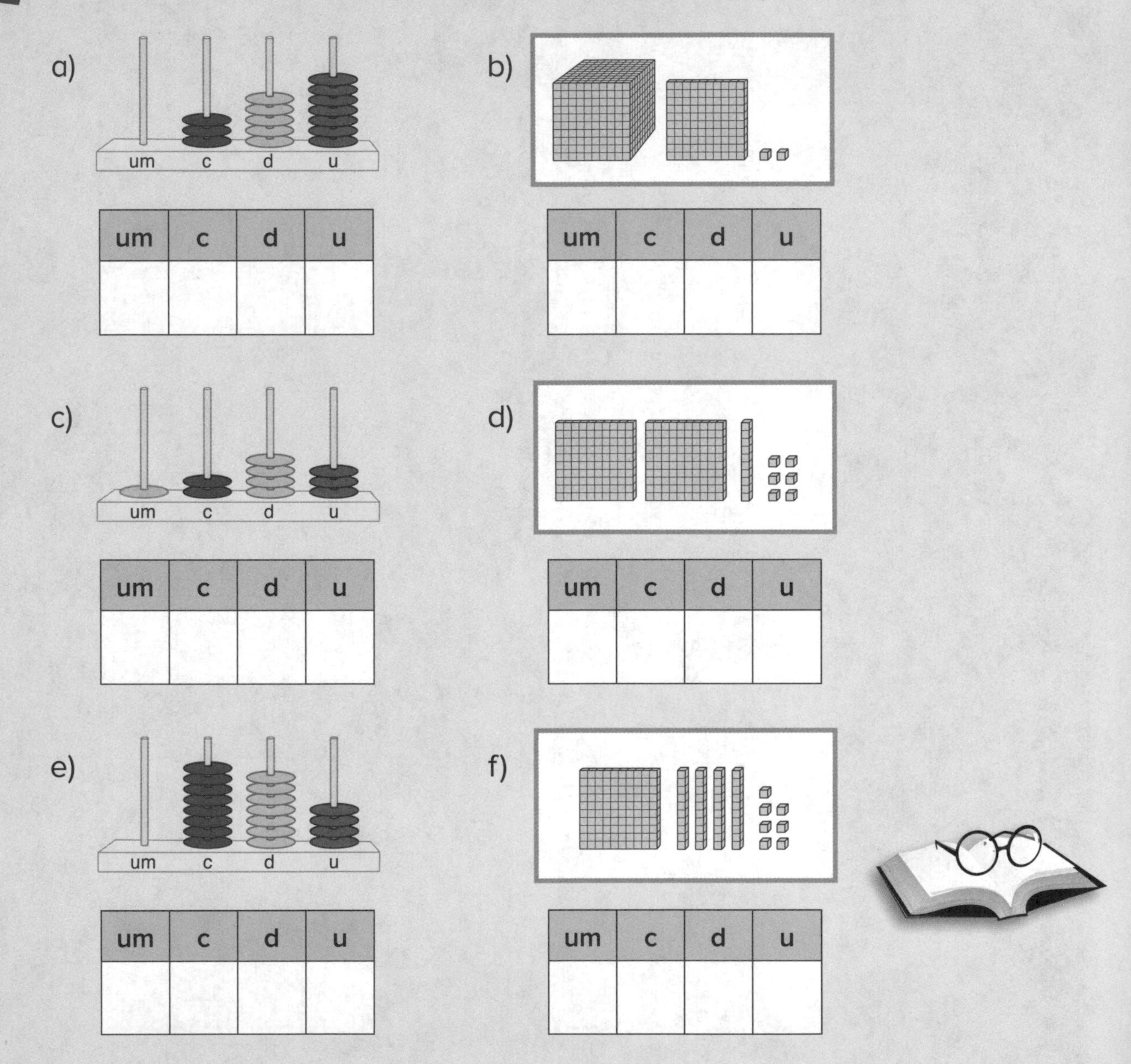

a)

um	c	d	u

b)

um	c	d	u

c)

um	c	d	u

d)

um	c	d	u

e)

um	c	d	u

f)

um	c	d	u

2 **Souligne** le chiffre à la position des dizaines et **entoure** le nombre de dizaines.

a) 8709 b) 200 c) 56 d) 876

e) 4390 f) 109 g) 212 h) 3875

3 **Écris** combien vaut le chiffre écrit en rouge.

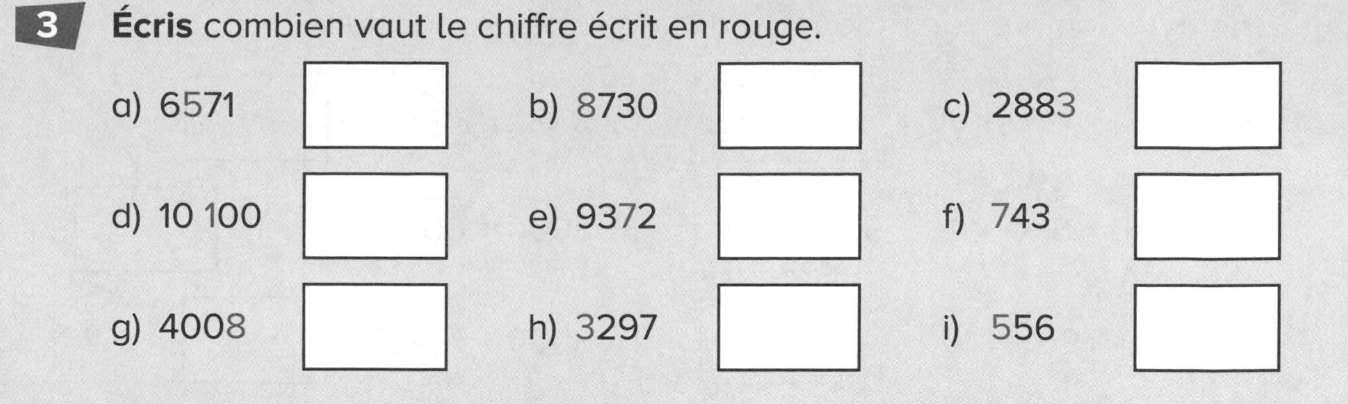

a) 6571 ☐ b) 8730 ☐ c) 2883 ☐

d) 10 100 ☐ e) 9372 ☐ f) 743 ☐

g) 4008 ☐ h) 3297 ☐ i) 556 ☐

4 **Associe** chaque nombre au bon énoncé.

a) Le chiffre 4 de ce nombre est à la position des centaines. ☐

b) Le chiffre 5 de ce nombre est à la position des unités de mille. ☐

c) Dans ce nombre, il y a 43 centaines. ☐

d) Dans ce nombre, le chiffre 4 vaut 40. ☐

e) Le chiffre 6 de ce nombre est à la position des unités de mille. ☐

5 **Complète** les décompositions. Les décompositions d'un même nombre doivent être différentes.

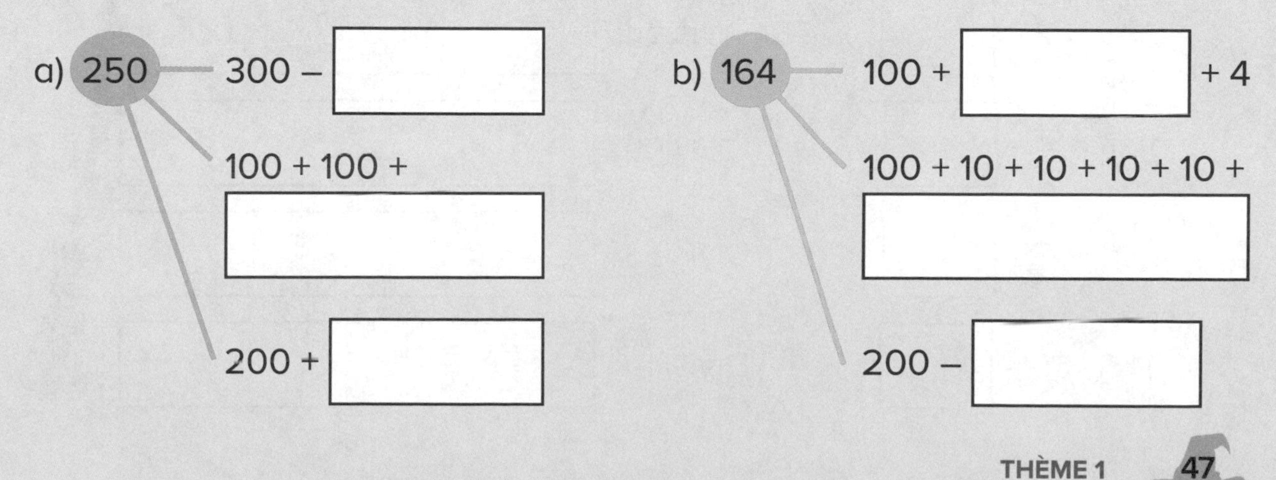

a) 250 — 300 − ☐ ; 100 + 100 + ☐ ; 200 + ☐

b) 164 — 100 + ☐ + 4 ; 100 + 10 + 10 + 10 + 10 + ☐ ; 200 − ☐

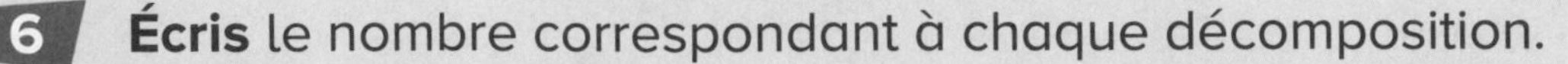

6 **Écris** le nombre correspondant à chaque décomposition.

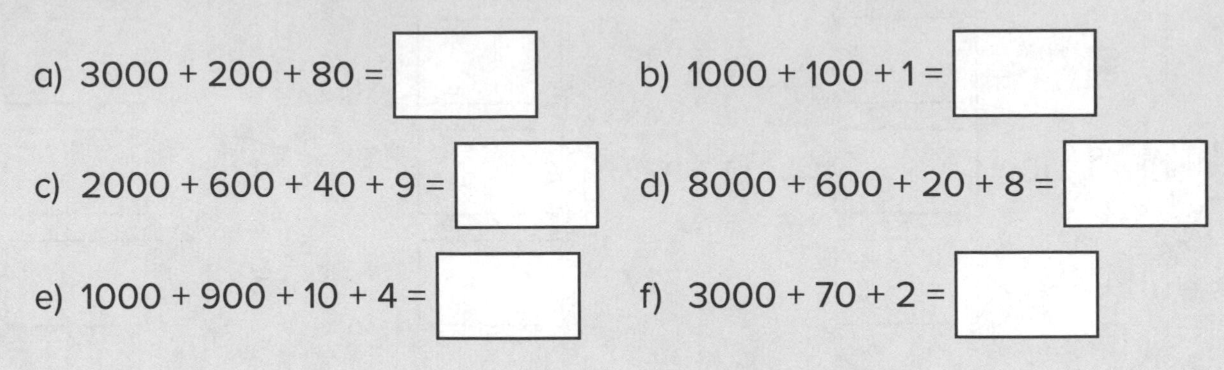

a) 3000 + 200 + 80 = ☐ b) 1000 + 100 + 1 = ☐

c) 2000 + 600 + 40 + 9 = ☐ d) 8000 + 600 + 20 + 8 = ☐

e) 1000 + 900 + 10 + 4 = ☐ f) 3000 + 70 + 2 = ☐

7 **Compare** les nombres à l'aide du symbole <, > ou =.

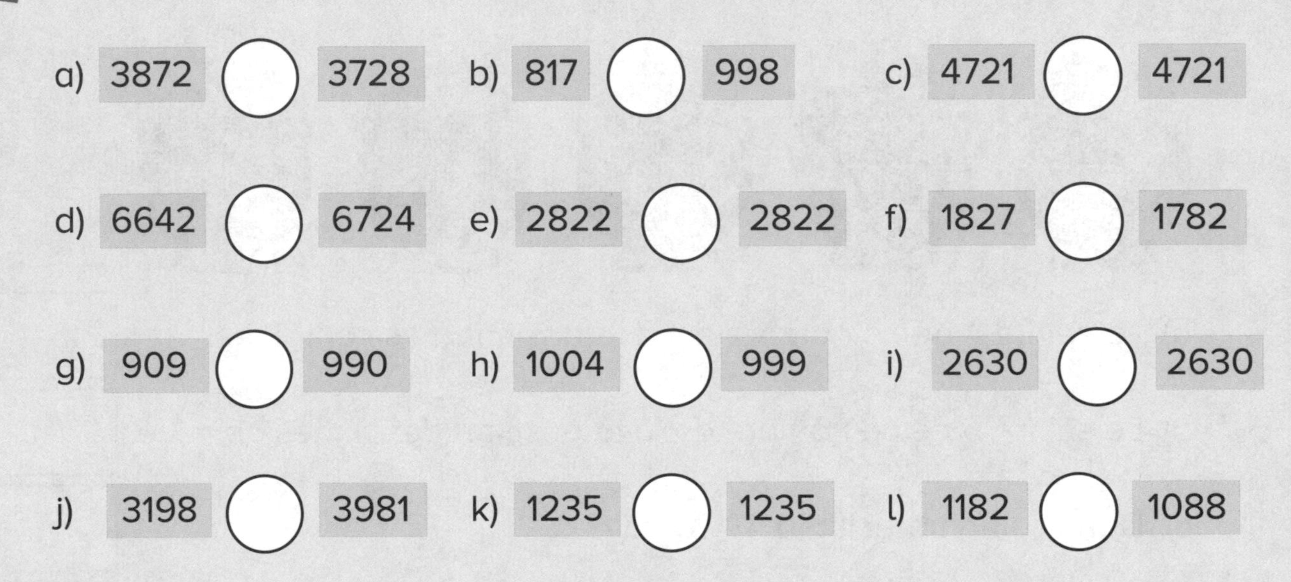

a) 3872 ◯ 3728 b) 817 ◯ 998 c) 4721 ◯ 4721

d) 6642 ◯ 6724 e) 2822 ◯ 2822 f) 1827 ◯ 1782

g) 909 ◯ 990 h) 1004 ◯ 999 i) 2630 ◯ 2630

j) 3198 ◯ 3981 k) 1235 ◯ 1235 l) 1182 ◯ 1088

8 **Résous** chaque multiplication et **trouve** la division correspondante.

a) 5 × 5 = ☐ Division ☐

b) 9 × 3 = ☐ Division ☐

c) 8 × 2 = ☐ Division ☐

d) 7 × 4 = ☐ Division ☐

e) 6 × 7 = ☐ Division ☐

f) 5 × 6 = ☐ Division ☐

9 **Résous** les opérations.

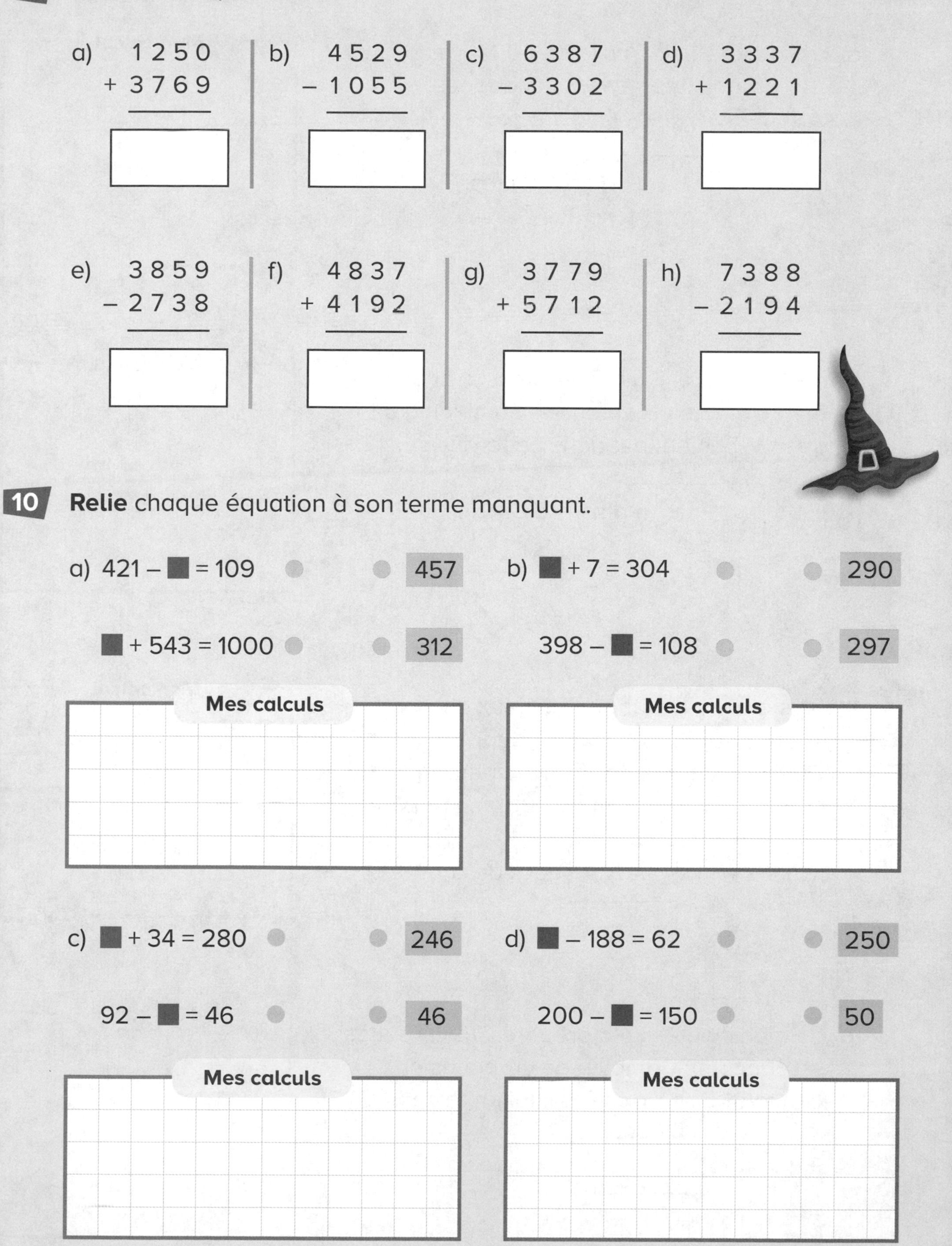

10 **Relie** chaque équation à son terme manquant.

a) 421 − ■ = 109 — 457
■ + 543 = 1000 — 312

Mes calculs

b) ■ + 7 = 304 — 290
398 − ■ = 108 — 297

Mes calculs

c) ■ + 34 = 280 — 246
92 − ■ = 46 — 46

Mes calculs

d) ■ − 188 = 62 — 250
200 − ■ = 150 — 50

Mes calculs

11 **Résous** les problèmes.

a) Le sorcier Zack a capturé 2039 grenouilles. 789 grenouilles se sont échappées. Combien de grenouilles lui reste-t-il ?

Il lui reste ☐ grenouilles.

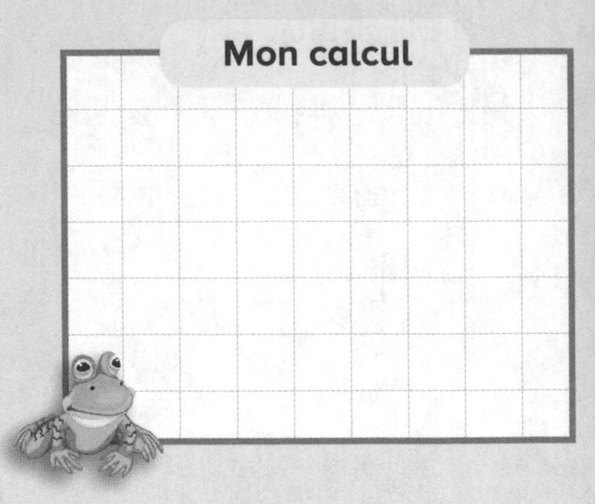

b) À Sorcierville, il y a 2345 maisons hantées et 4367 maisons volantes. Combien y a-t-il de maisons en tout dans cette ville ?

Il y a ☐ maisons à Sorcierville.

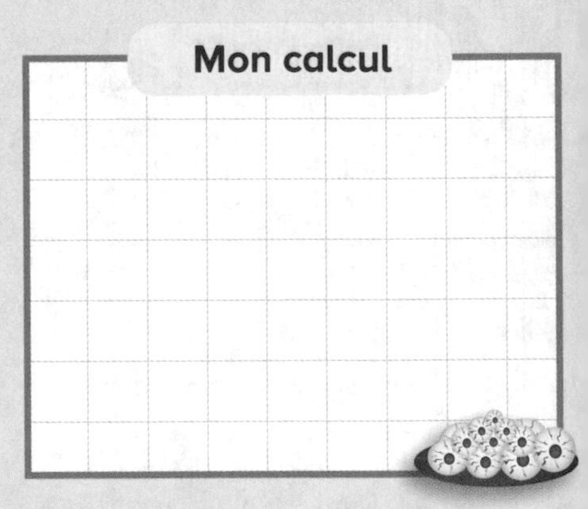

c) Mystérius a mélangé 756 yeux de chauve-souris dans son chaudron. Combien d'yeux de chauve-souris lui manque-t-il s'il lui en faut 999 en tout ?

Il lui manque ☐ yeux de chauve-souris.

Mon calcul

d) Le magicien Ricko a préparé 775 crapauds en chocolat. Combien de crapauds en chocolat a-t-il donnés s'il lui en reste 568 ?

Il a donné ☐ crapauds en chocolat.

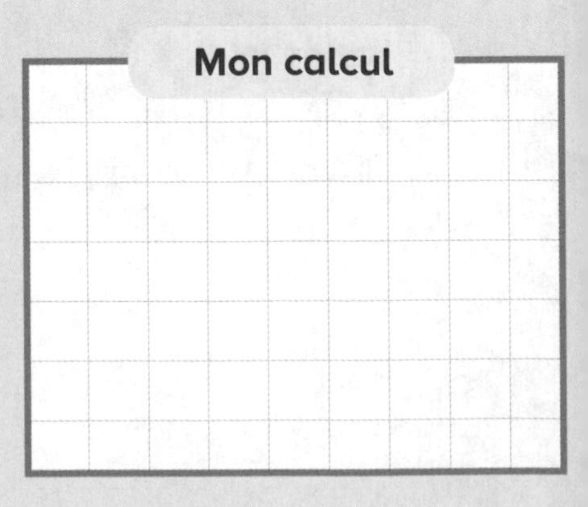

12 **Complète** ce dallage en respectant l'axe de réflexion.

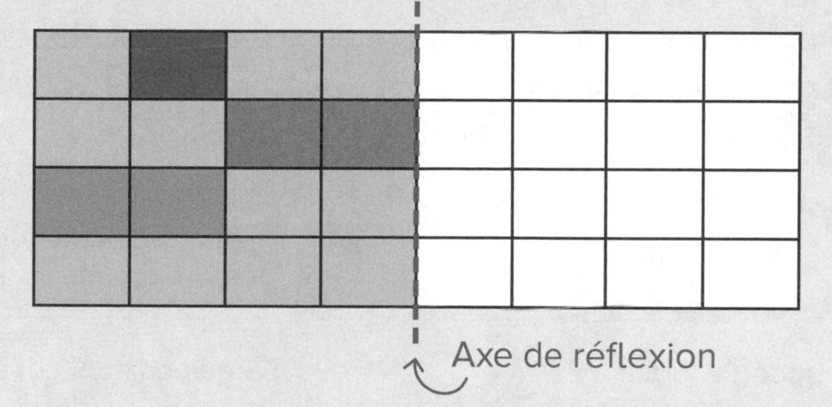

13 **Place** les points dans le plan cartésien. **Inscris** les lettres près des points. Puis, **relie**-les en ordre pour découvrir la figure secrète.

a) (3, 9) b) (4, 9) c) (4, 5) d) (5, 5) e) (7, 1)

f) (6, 2) g) (5, 1) h) (4, 2) i) (3, 1) j) (2, 3)

k) (0, 0) l) (2, 5) m) (3, 5) n) (3, 9)

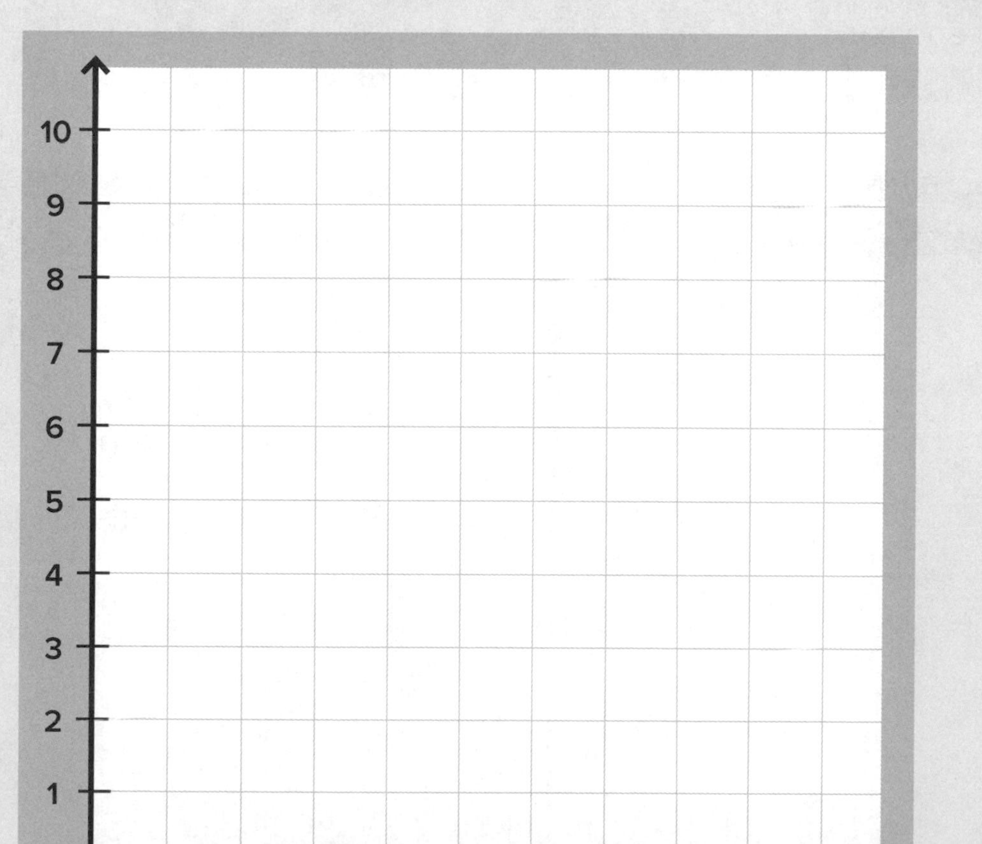

Je résous

Le grand bal de l'Halloween

Les sorciers se préparent pour le grand bal de l'Halloween. Pour cette occasion, 3 jeux sont organisés. Chaque jeu aura lieu 3 fois dans la journée. Voici le nom des jeux et le nombre maximum de participants par jeu.

Nom du jeu	Nombre maximum de participants par jeu
Chapeau en folie	5 équipes de 9 sorciers
Balai magique	8 équipes de 7 sorciers
Citrouille sauteuse	1 équipe de 12 dizaines de sorciers

Chacun des sorciers ne participera qu'à un seul jeu durant la journée.
Combien de sorciers en tout pourront participer aux jeux ?
Justifie ta réponse.

123 Ce que je sais

Ce que je cherche

Ce que je fais

GRAND JEU

Les nombres à relais

Le but du jeu est d'obtenir le nombre dans l'étoile en créant des opérations mathématiques à l'aide des 4 nombres dans les pastilles. La réponse d'une opération est le premier nombre de l'opération suivante. Regarde bien l'exemple pour t'aider.

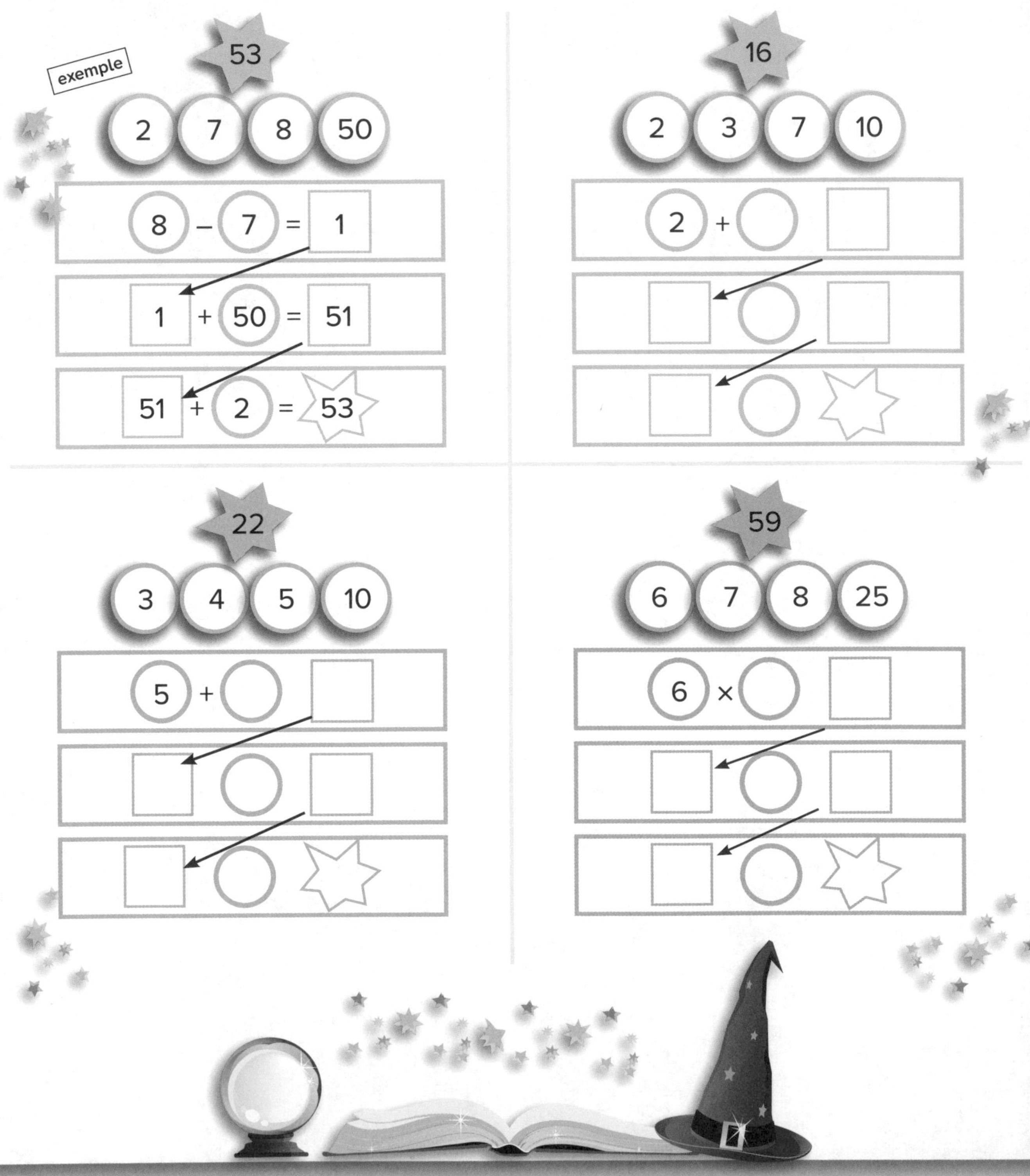

THÈME

2

Musique et mystère

Ce que tu vas apprendre...

SECTION 9
Les angles et les droites parallèles et perpendiculaires

SECTION 10
Les polygones et les quadrilatères

SECTION 11
Les régularités numériques

SECTION 12
La multiplication

SECTION 13
Les fractions et la comparaison de fractions

SECTION 14
Le nombre décimal et la monnaie

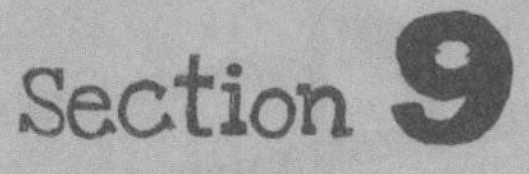

J'apprends

▸ Les angles

Un **angle** est formé par 2 droites qui se rencontrent.
Il existe différentes sortes d'angles.

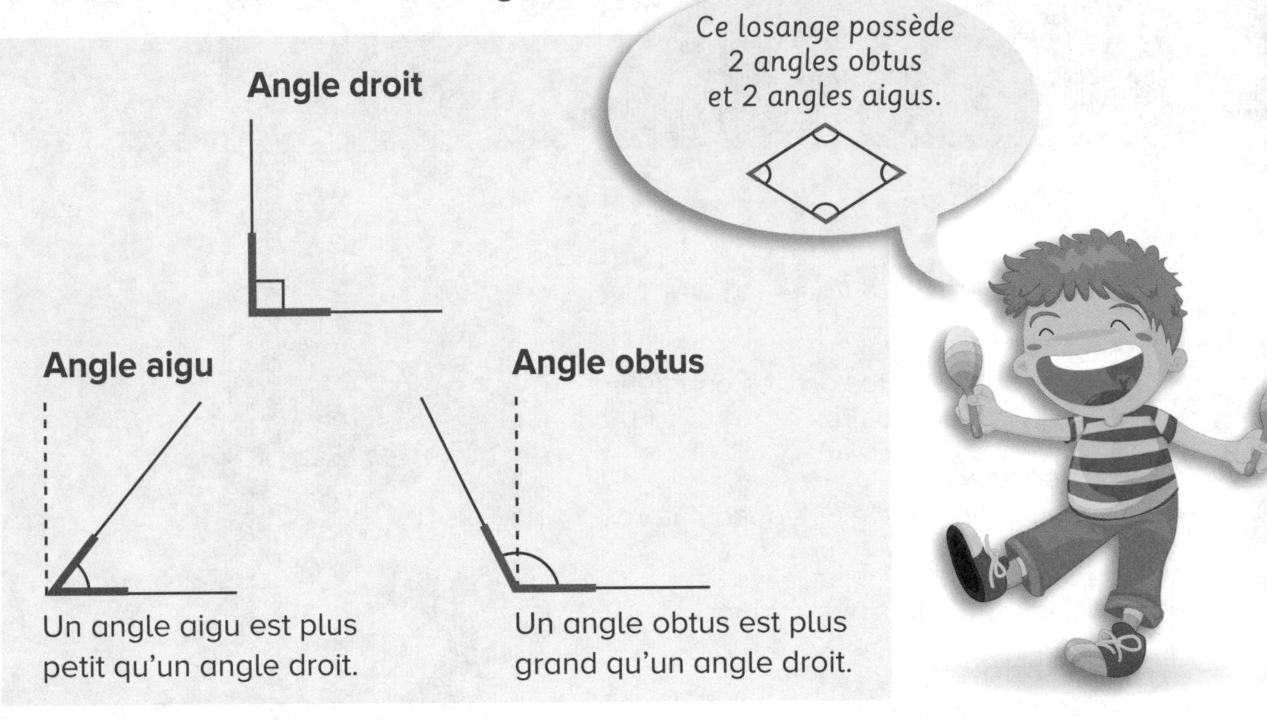

▸ Les droites parallèles et les droites perpendiculaires

Les **droites parallèles** sont des droites qui ne se rencontrent jamais, même si on les prolonge.
Dans l'expression A // B, le symbole // indique que la droite A est parallèle à la droite B.

Les **droites perpendiculaires** sont des droites qui forment un angle droit lorsqu'elles se rencontrent.
Dans l'expression A ⊥ B, le symbole ⊥ indique que la droite A est perpendiculaire à la droite B.

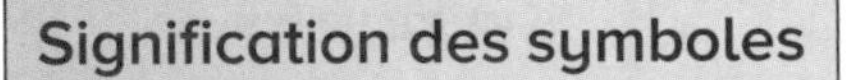

Signification des symboles
// : est parallèle à
⊥ : est perpendiculaire à

Droites parallèles

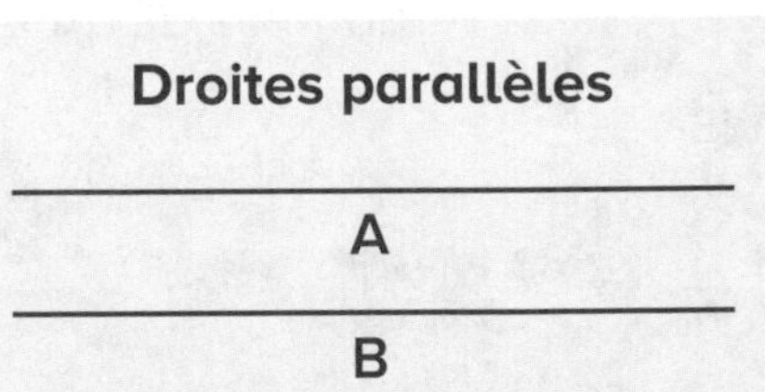

Droites perpendiculaires

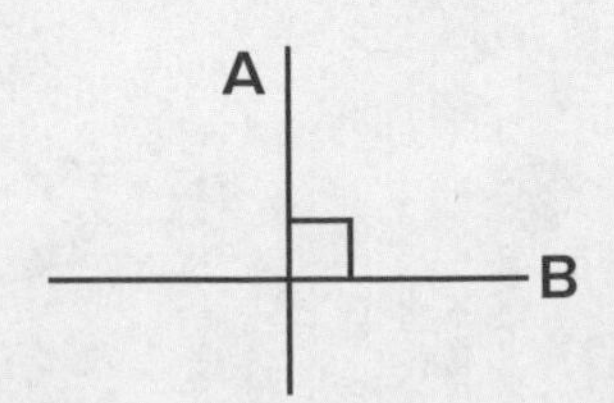

Je m'exerce

1 **Observe** les angles dans chacune de ces figures. **Écris** le nombre d'angles de chaque sorte.

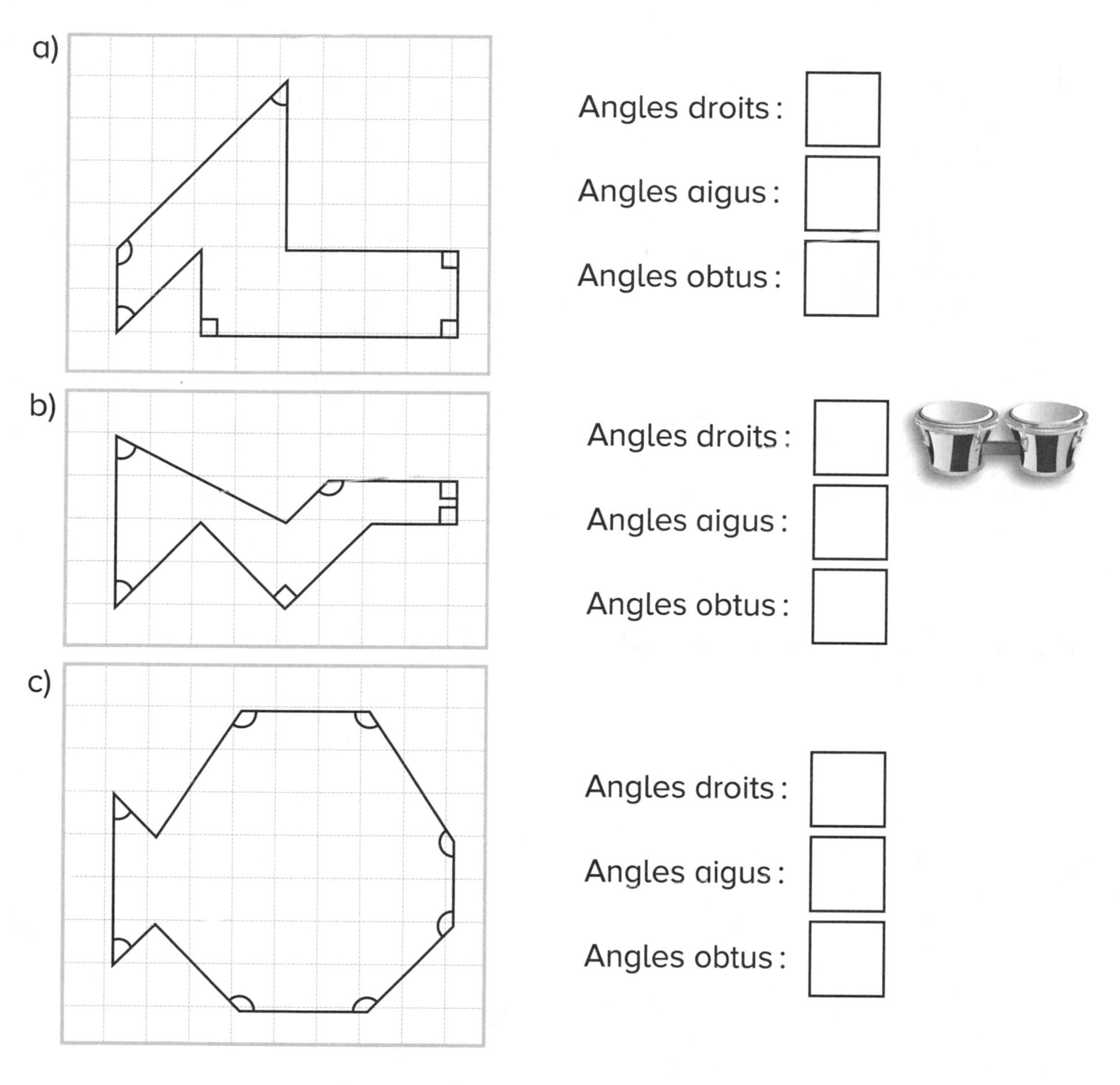

a) Angles droits : ☐
Angles aigus : ☐
Angles obtus : ☐

b) Angles droits : ☐
Angles aigus : ☐
Angles obtus : ☐

c) Angles droits : ☐
Angles aigus : ☐
Angles obtus : ☐

2 **Dessine** une figure ayant au moins :

- 3 angles droits ;
- 2 angles aigus ;
- 2 angles obtus.

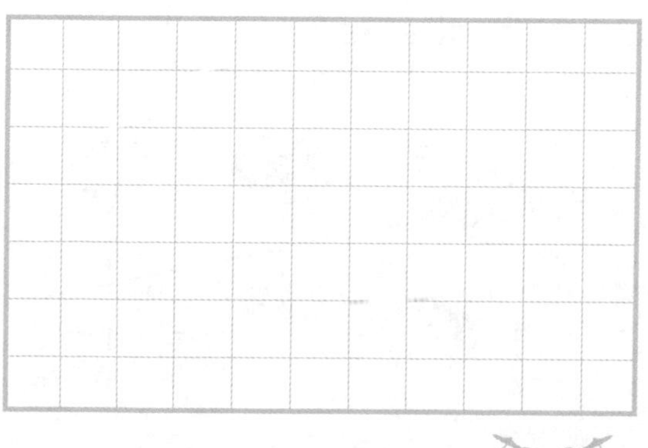

3 **Associe** chaque figure au bon énoncé.

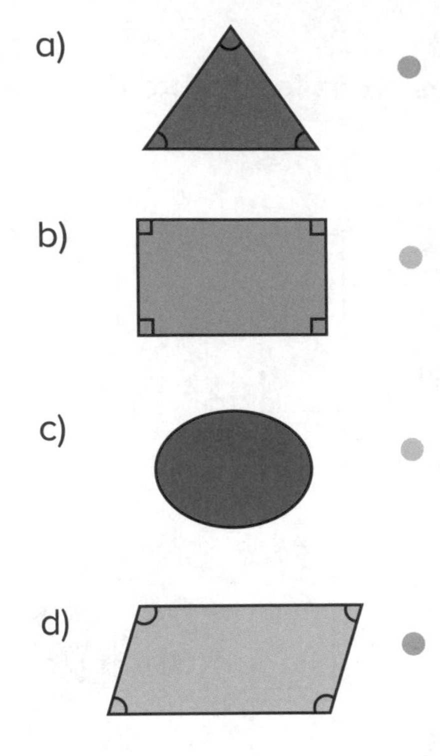

- Cette figure n'a que des angles droits.
- Cette figure n'a que des angles aigus.
- Cette figure est composée d'angles aigus et d'angles obtus.
- Dans cette figure, il n'y a aucun angle.

4 **Dessine** 2 droites perpendiculaires.

5 **Dessine** 2 droites parallèles.

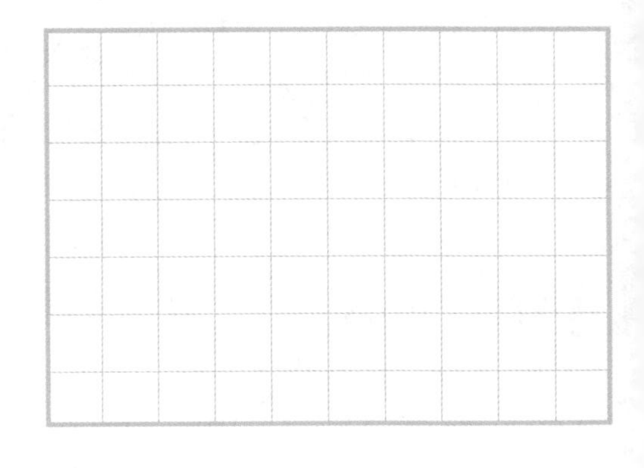

6 **Surligne** les droites parallèles.

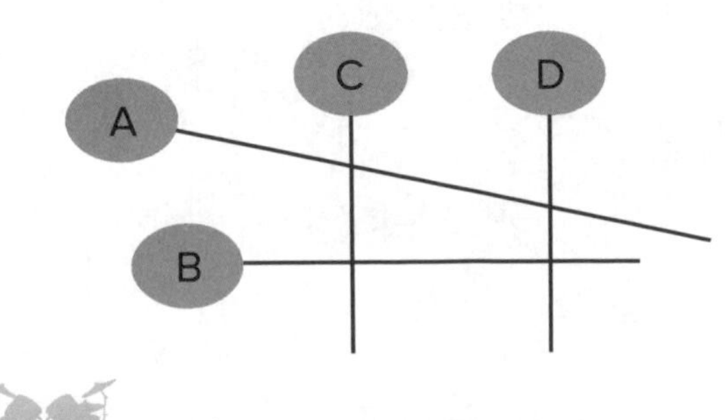

7 **Surligne** les droites perpendiculaires.

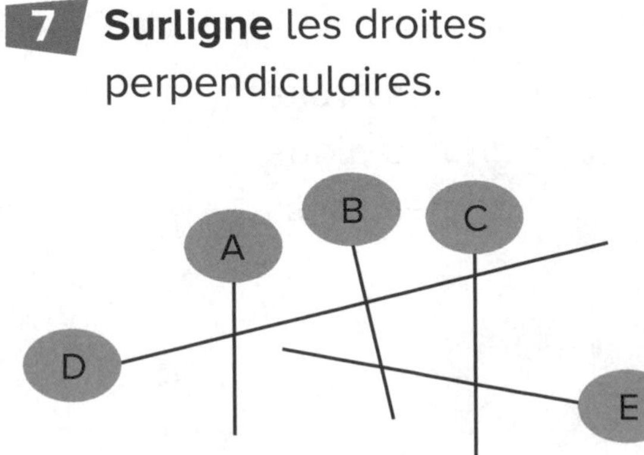

8 **Dessine** une droite perpendiculaire à chacune des droites données.

a) b) c) d)

9 **Dessine** une droite parallèle à chacune des droites données.

a) b) c) d)

10 **Dessine** 3 figures différentes ayant à la fois des droites parallèles et des droites perpendiculaires.

a) b) c)

11 **Observe** ces droites. **Trace** le symbole qui convient (// ou ⊥).

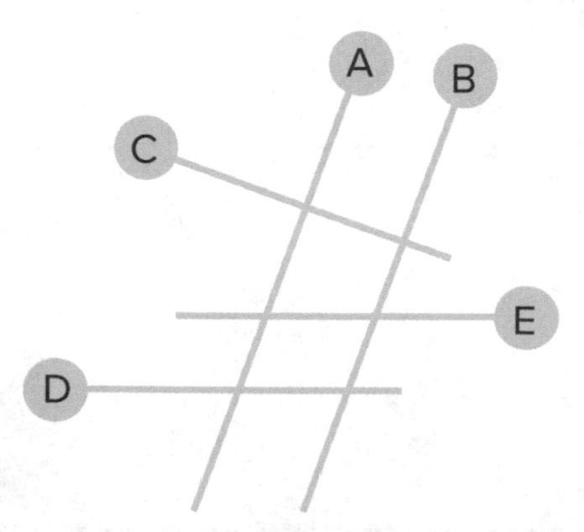

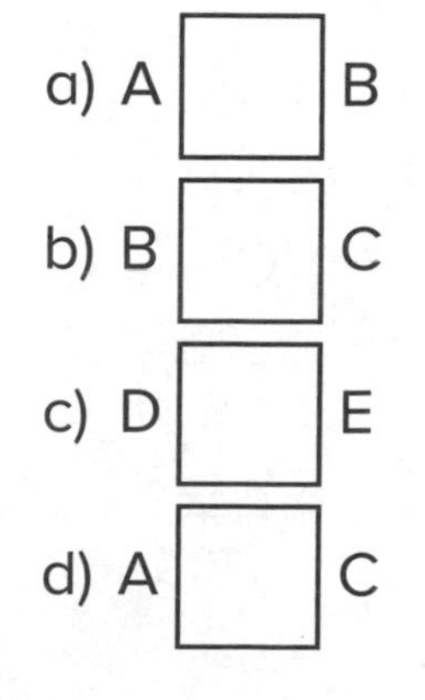

Je raisonne

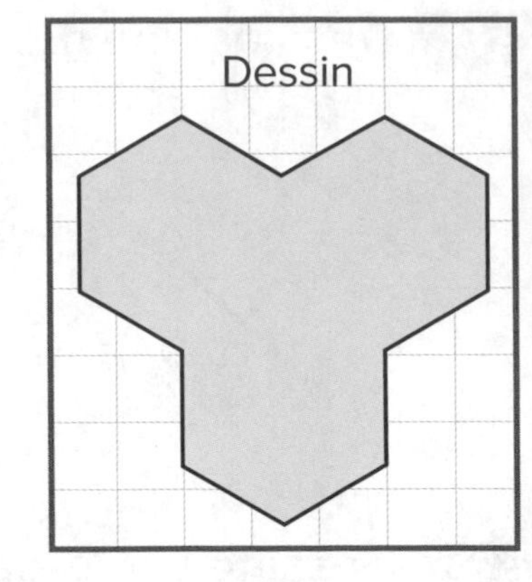

Léa a utilisé une figure pour recouvrir le dessin ci-contre.
Cette figure possède :

- au moins 1 paire de côtés parallèles ;
- au moins 1 paire de côtés de même longueur ;
- 2 angles obtus.

Parmi les figures suivantes, quelle est celle que Léa a utilisée ?
Combien en a-t-elle utilisé pour recouvrir le dessin ?

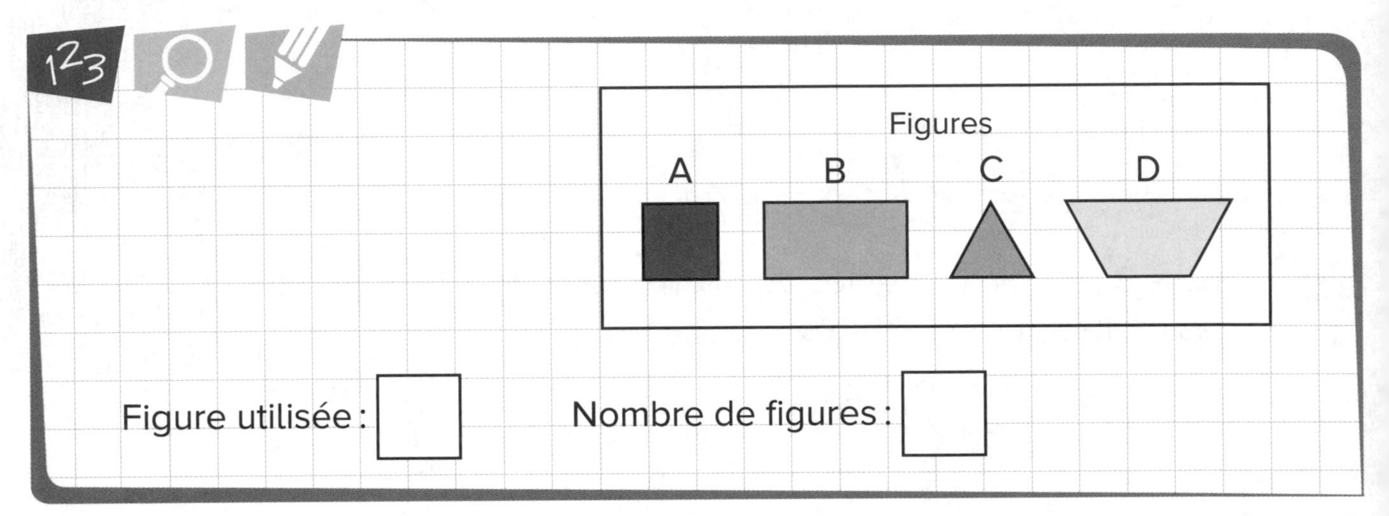

Figure utilisée : ☐ Nombre de figures : ☐

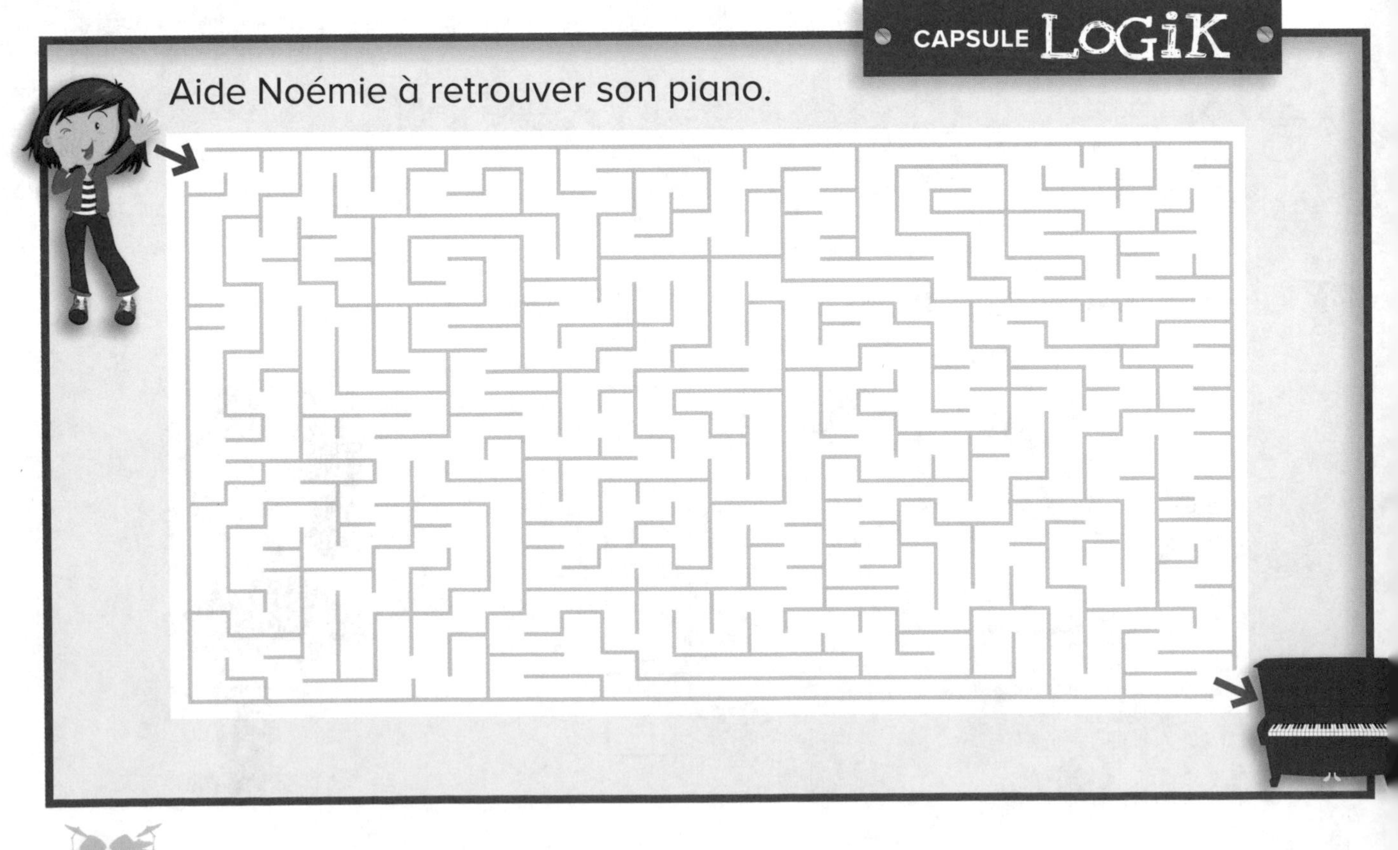

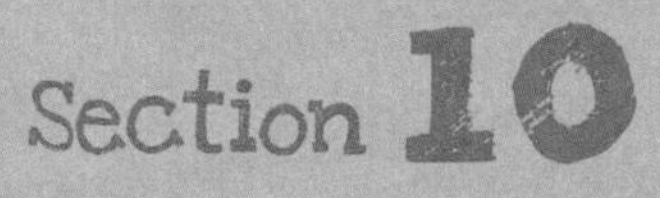

J'apprends

▶ Les polygones et les quadrilatères

Un **polygone** est une figure plane formée d'une ligne brisée et fermée. Un polygone possède plusieurs côtés.

Un **quadrilatère** est un polygone à 4 côtés. On peut classer les quadrilatères selon leurs propriétés, soit selon qu'ils ont :

- une forme **convexe** ou **non convexe** ;
- des côtés de même longueur ;
- des côtés parallèles ;
- des angles droits.

Forme convexe	Forme non convexe

Convexe : qui ne possède aucun côté rentrant.

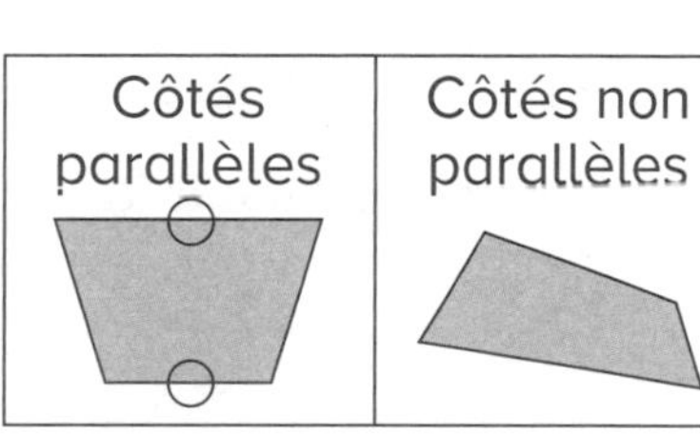

Parallèles : droites qui ne se rencontrent jamais.

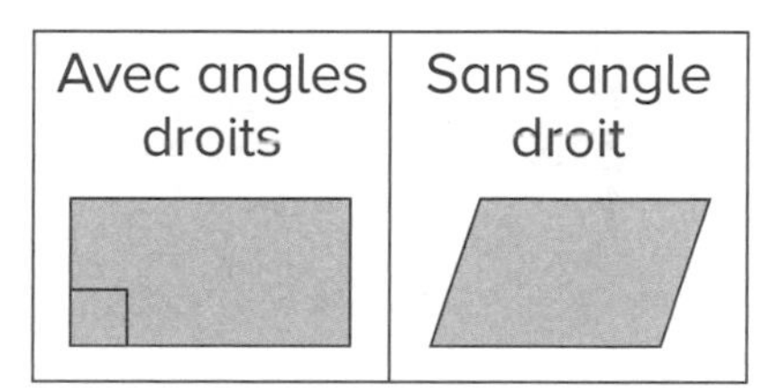

Angle droit : angle en forme de coin.

Classification des principaux quadrilatères

Nom	Caractéristiques	Exemple
Trapèze	• polygone convexe • au moins 1 paire de côtés parallèles	
Parallélogramme	• polygone convexe • 2 paires de côtés parallèles et de même longueur	
Rectangle	• polygone convexe • 2 paires de côtés parallèles et de même longueur • 4 angles droits	
Losange	• polygone convexe • 2 paires de côtés parallèles • 4 côtés de même longueur	
Carré	• polygone convexe • 2 paires de côtés parallèles • 4 côtés de même longueur • 4 angles droits	

Je m'exerce

1 **Entoure** les polygones convexes. **Fais un X** sur les polygones non convexes.

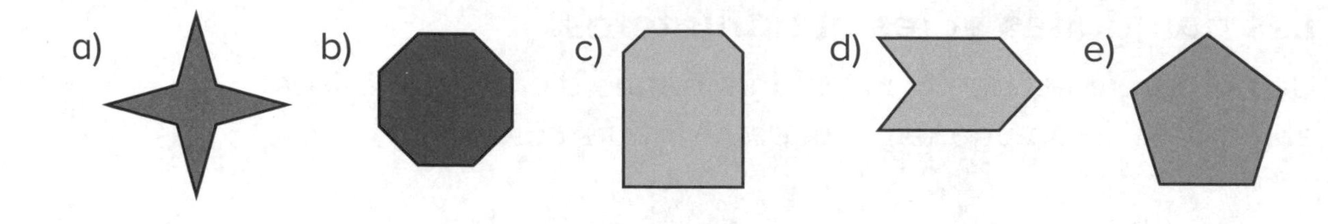

2 **Colorie** les carrés en vert, les rectangles restants en bleu et les autres quadrilatères en jaune.

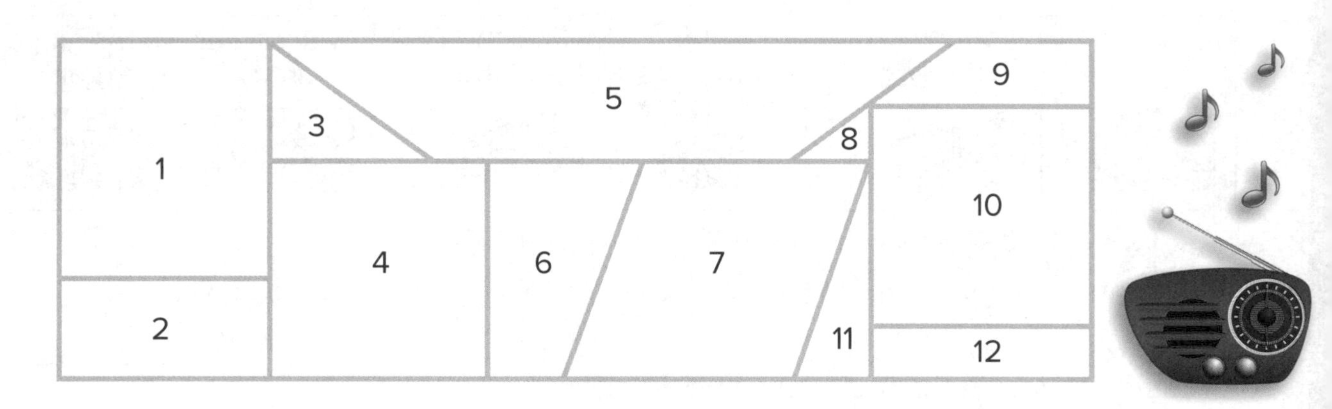

3 Vrai ou faux ?

	Vrai	Faux
a) Un carré est aussi un losange.	☐	☐
b) Un trapèze est aussi un carré.	☐	☐
c) 2 carrés peuvent former un rectangle.	☐	☐
d) 2 rectangles peuvent former un triangle.	☐	☐
e) 2 triangles peuvent former un carré.	☐	☐

4 Marie-Sol et Rémi doivent classer ces polygones.

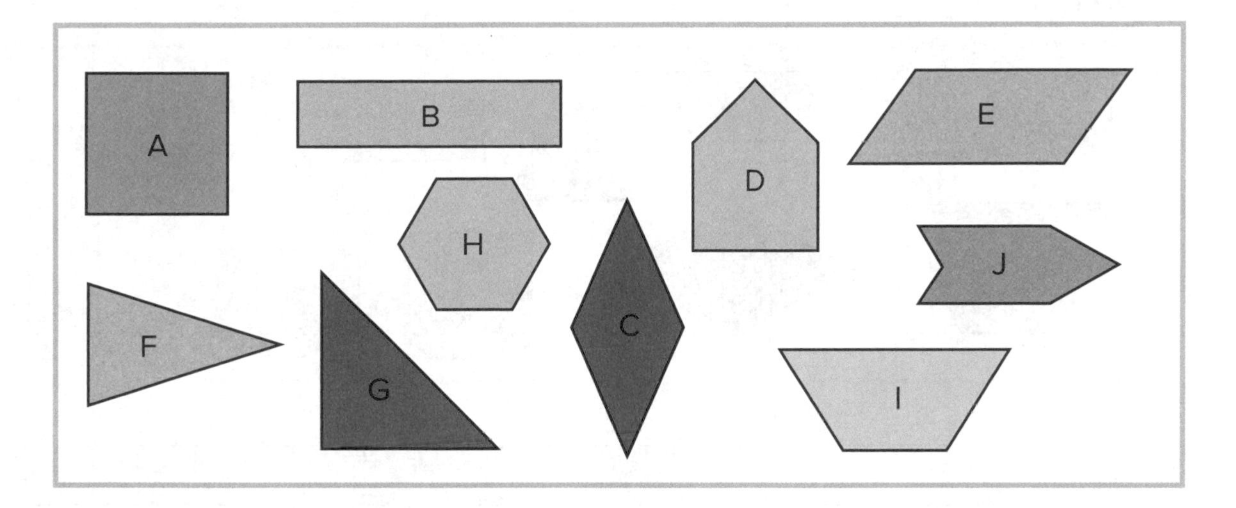

Pour les aider, **remplis** le tableau.

Figure	Nombre de côtés	Nombre d'angles droits	Nombre de paires de côtés parallèles	Nombre de paires de côtés de même longueur
A				
B				
C				
D				
E				
F				
G				
H				
I				
J				

5 **Donne** tous les noms possibles de ces figures. **Utilise** les abréviations du tableau.

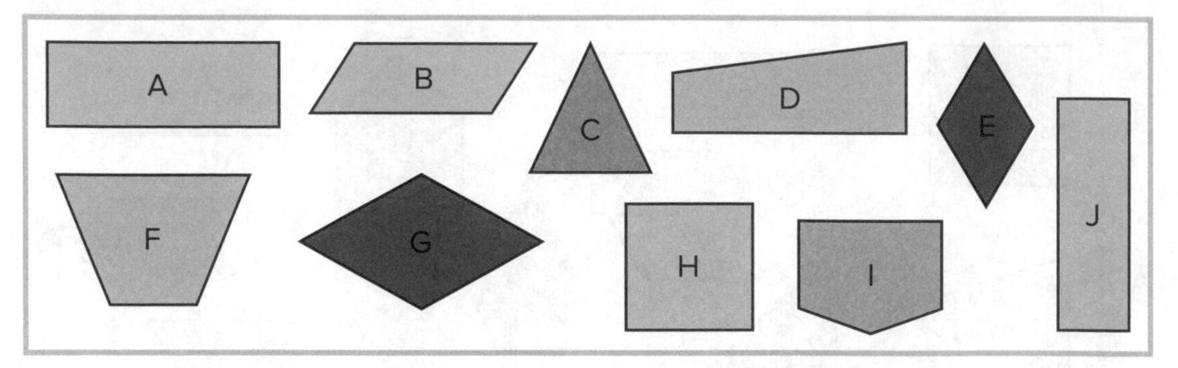

Polygone	PO
Quadrilatère	Q
Parallélogramme	PA
Rectangle	R
Losange	L
Carré	C

A (exemple)	B	C	D	E	F	G	H	I	J
PO Q PA R									

6 Dans chaque groupe de figures, il y a un intrus. **Lis** l'indice, **colorie** l'intrus en rouge et **justifie** ta réponse.

	Indice	Groupe de figures	Justification
a)	Observe les côtés parallèles.		
b)	Observe les angles droits.		
c)	Observe le nombre de côtés.		

Je raisonne

Les élèves de monsieur Farandole ont caché les instruments de musique dans un local qui a sur sa porte la figure suivante :

- c'est un quadrilatère convexe ;
- la figure n'a aucun angle droit ;
- elle possède au moins 1 paire de côtés parallèles.

Monsieur Farandole croit que les instruments sont cachés au secrétariat. A-t-il raison ? Justifie ta réponse.

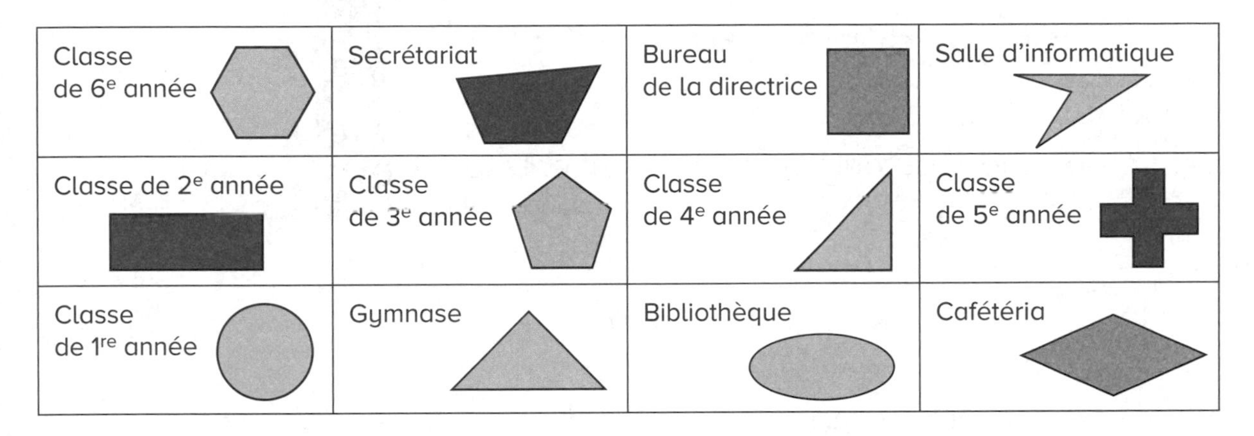

Classe de 6e année	Secrétariat	Bureau de la directrice	Salle d'informatique
Classe de 2e année	Classe de 3e année	Classe de 4e année	Classe de 5e année
Classe de 1re année	Gymnase	Bibliothèque	Cafétéria

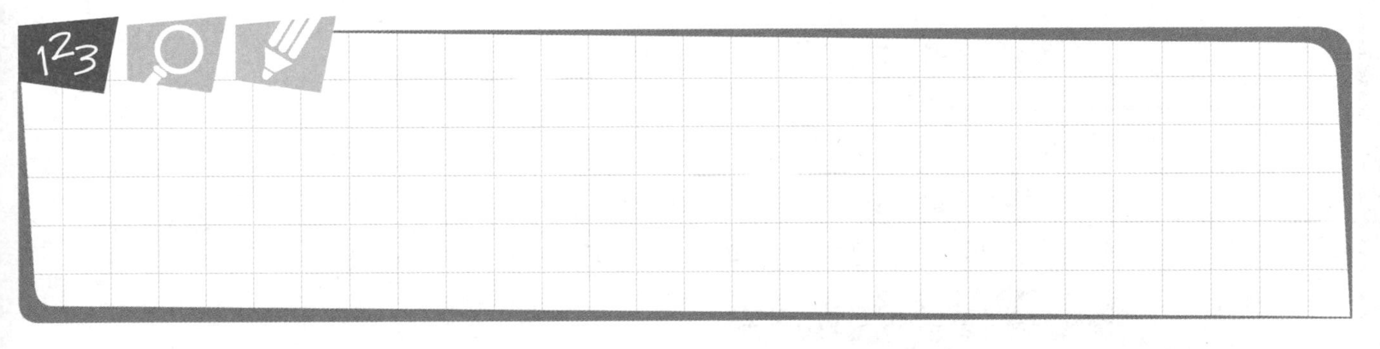

CAPSULE LOGIK

Combien de triangles y a-t-il dans ce dessin ?
Entoure les formes qui ne sont pas des triangles.

Il y a ☐ triangles.

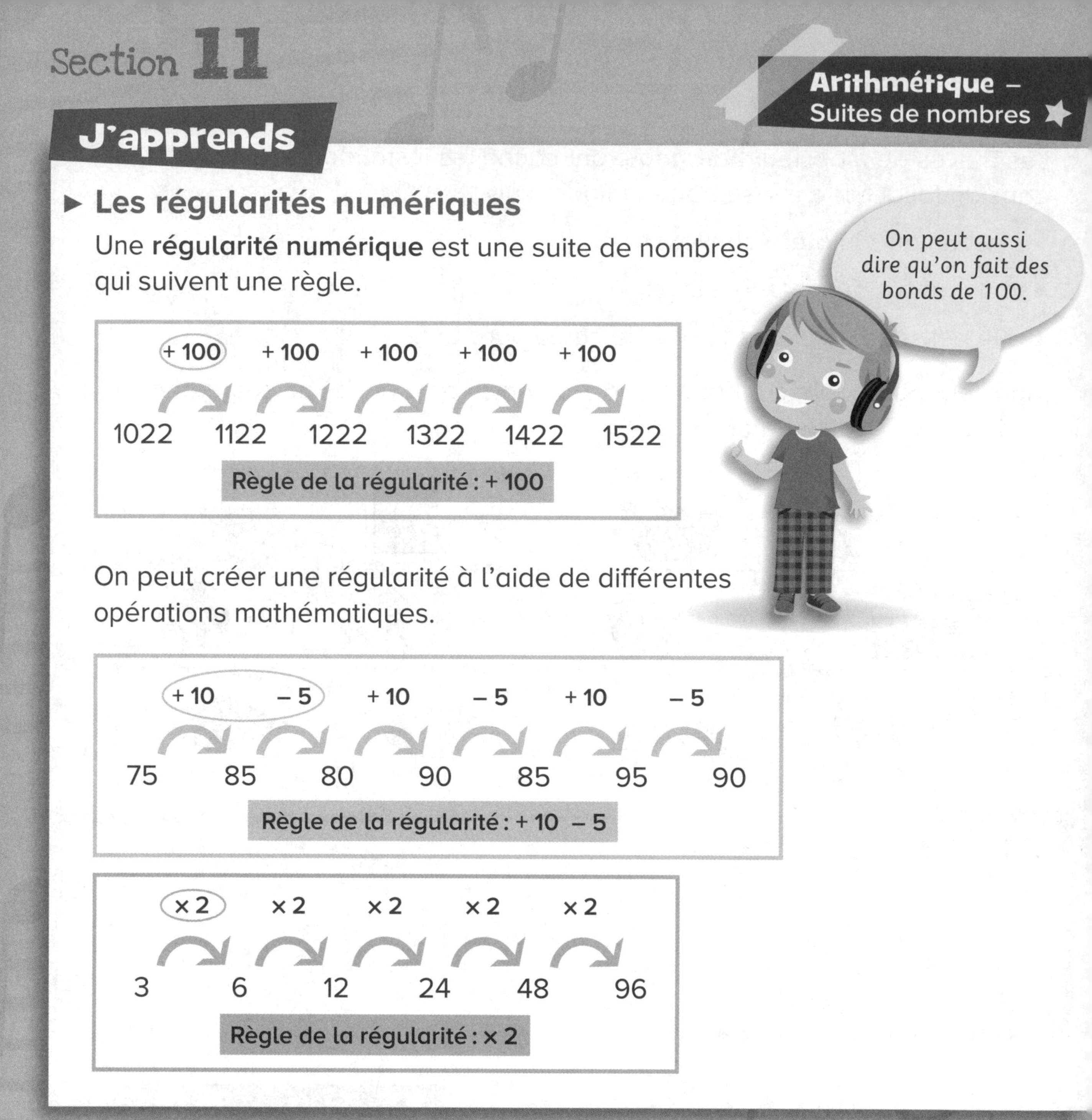

J'apprends

► Les régularités numériques

Une **régularité numérique** est une suite de nombres qui suivent une règle.

+ 100 + 100 + 100 + 100 + 100

1022 1122 1222 1322 1422 1522

Règle de la régularité : + 100

On peut créer une régularité à l'aide de différentes opérations mathématiques.

+ 10 – 5 + 10 – 5 + 10 – 5

75 85 80 90 85 95 90

Règle de la régularité : + 10 – 5

× 2 × 2 × 2 × 2 × 2

3 6 12 24 48 96

Règle de la régularité : × 2

Je m'exerce

1 **Observe** les régularités. **Trouve** la règle de chaque régularité. **Complète** les suites de nombres.

a) 456 466 476 486 ☐ ☐ ☐

Règle de la régularité ☐

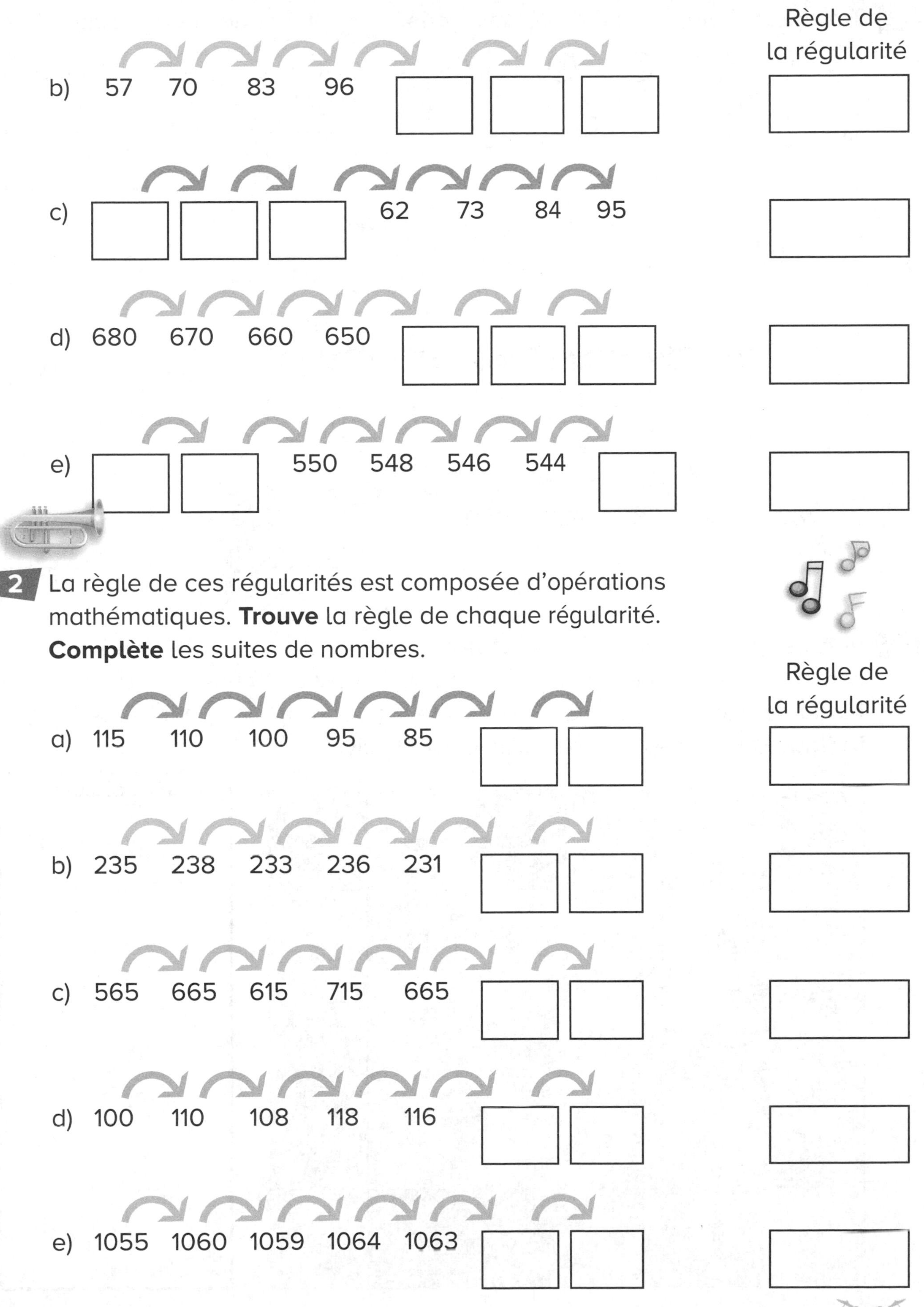

Règle de la régularité

b) 57 70 83 96 ☐ ☐ ☐ — ☐

c) ☐ ☐ ☐ 62 73 84 95 — ☐

d) 680 670 660 650 ☐ ☐ ☐ — ☐

e) ☐ ☐ 550 548 546 544 ☐ — ☐

2 La règle de ces régularités est composée d'opérations mathématiques. **Trouve** la règle de chaque régularité. **Complète** les suites de nombres.

Règle de la régularité

a) 115 110 100 95 85 ☐ ☐ — ☐

b) 235 238 233 236 231 ☐ ☐ — ☐

c) 565 665 615 715 665 ☐ ☐ — ☐

d) 100 110 108 118 116 ☐ ☐ — ☐

e) 1055 1060 1059 1064 1063 ☐ ☐ — ☐

3 **Trouve** la règle de ces régularités. **Écris** le 7e nombre de chaque suite.

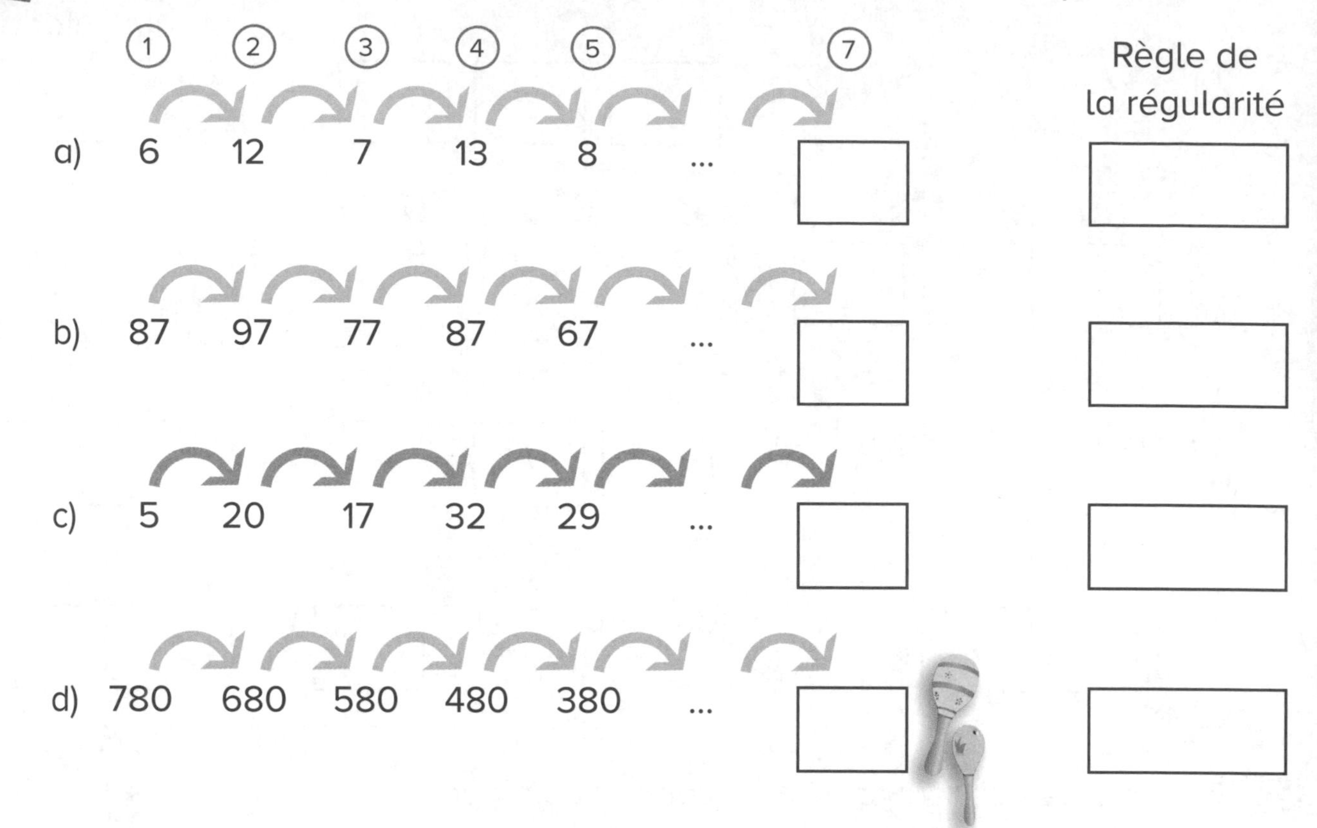

4 Voici le tapis de danse de la classe de musique de madame Ritournelle. Lorsque les élèves sautent sur une case, le tapis émet une note de musique. Madame Ritournelle demande à ses élèves de suivre la régularité : + 8 − 5 .
Indique aux élèves le trajet qu'ils doivent suivre.

DÉPART 15	23	17	22	69	46
20	18	21	33	52	42
34	26	28	29	36	43
38	31	39	24	32	35
6	16	62	76	27	30 ARRIVÉE

Mes calculs

5 **Résous** ces problèmes.

a) Louis veut acheter un baladeur numérique qui vaut 20 $. Il met de côté 4 $ par semaine. Combien de semaines cela lui prendra-t-il pour pouvoir acheter son baladeur numérique ?

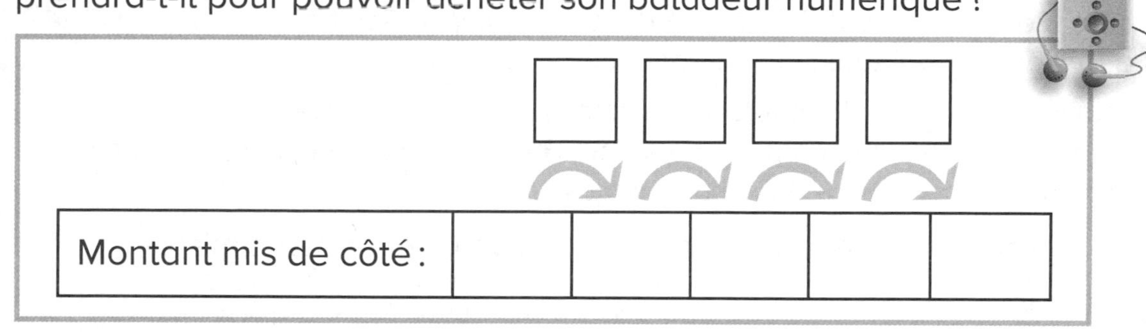

Cela lui prendra ☐ semaines.

b) Charles a un cahier de musique de 25 pages. Il décide de jouer la pièce de la page 1, puis les pièces qui se trouvent aux pages correspondant à la régularité : + 2 + 4. Les pièces de quelles pages jouera-t-il ?

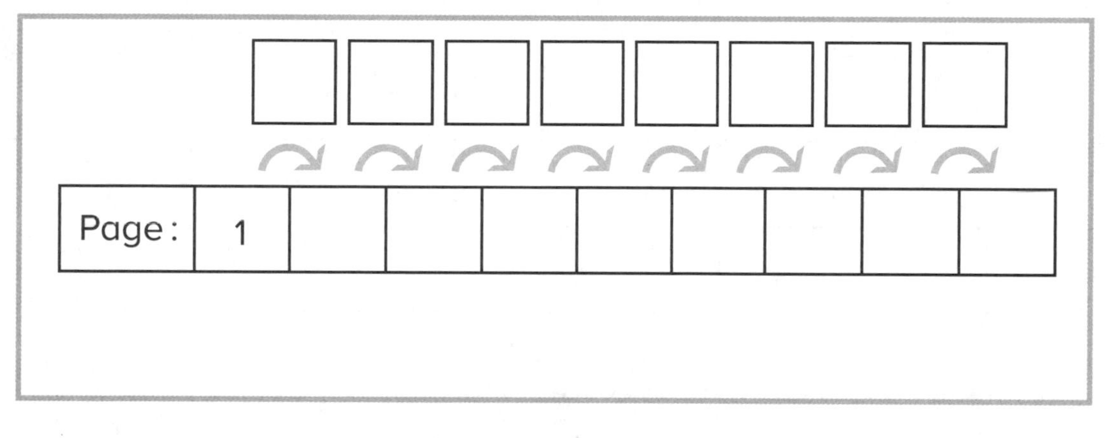

c) Malorie fabrique des guirlandes. Elle alterne les roses et les tulipes selon la régularité : + 1. Combien y a-t-il de roses dans une guirlande de 15 fleurs ?

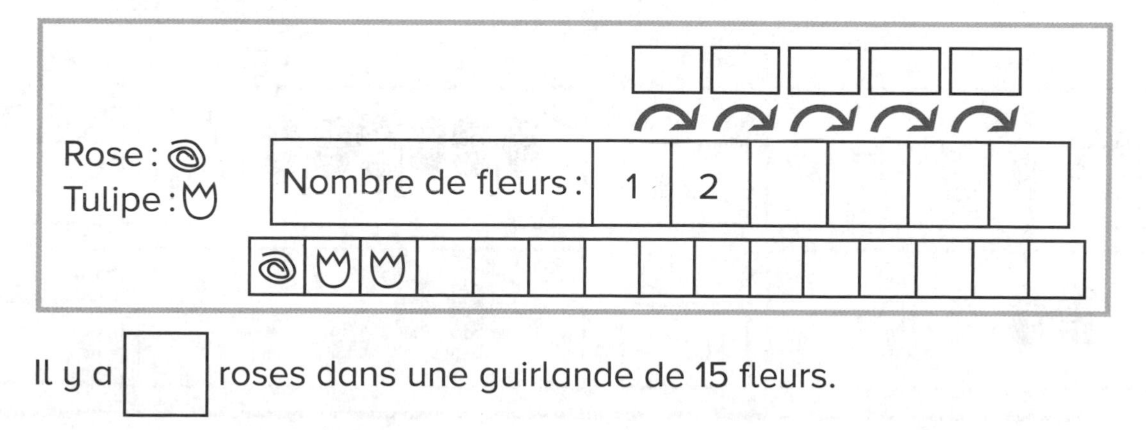

Il y a ☐ roses dans une guirlande de 15 fleurs.

Je raisonne

Thomas veut acheter un micro qui coûte 60 $. Il décide de mettre de l'argent de côté chaque semaine.

- La première semaine, il dépose 2 $ dans son compte. Ses parents y déposent le double de ce montant.
- Par la suite, Thomas dépose chaque semaine 2 $ de plus que le montant qu'il a déposé la semaine précédente. Ses parents déposent chaque semaine le double du montant déposé par Thomas.

Après combien de semaines Thomas pourra-t-il acheter son micro ?

Semaine	Montant déposé par Thomas	Montant déposé par ses parents	Montant total déposé	Montant total dans le compte
1	2 $	2 + 2 = 4 4 $	2 + 4 = 6 6 $	6 $
2				

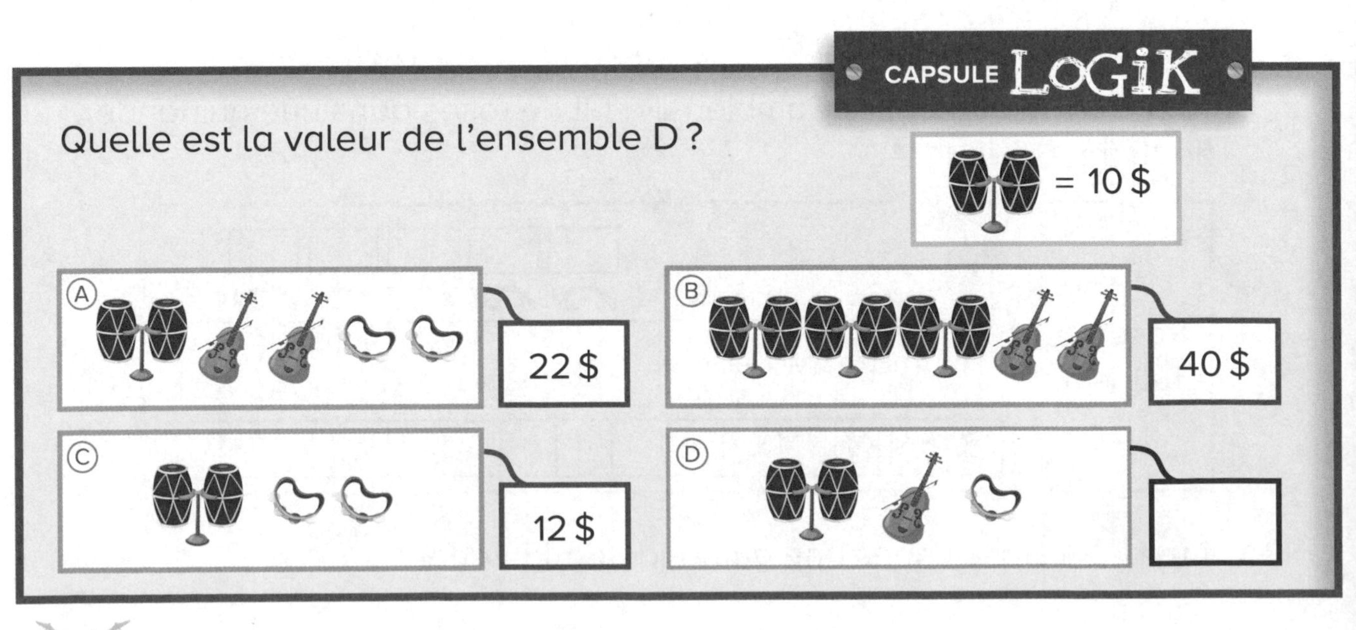

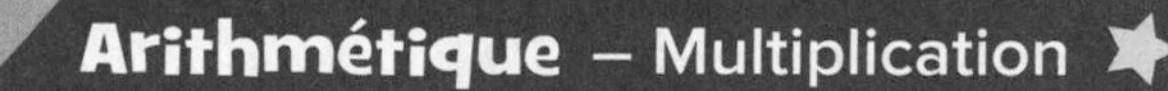

J'apprends

▶ La multiplication

La **multiplication** est l'opération mathématique qui permet de trouver le **produit** de 2 ou plusieurs **facteurs**. On peut utiliser du matériel en base 10 pour représenter une multiplication.

Par exemple : 32 × 4

1. On représente la multiplication en répétant 4 fois le nombre 32.

2. On additionne les unités, puis les dizaines. Si un résultat est supérieur à 9, on fait un échange. Dans cet exemple, on échange 10 dizaines contre 1 centaine.

3. Le résultat obtenu est le produit.
   32 × 4 = 128

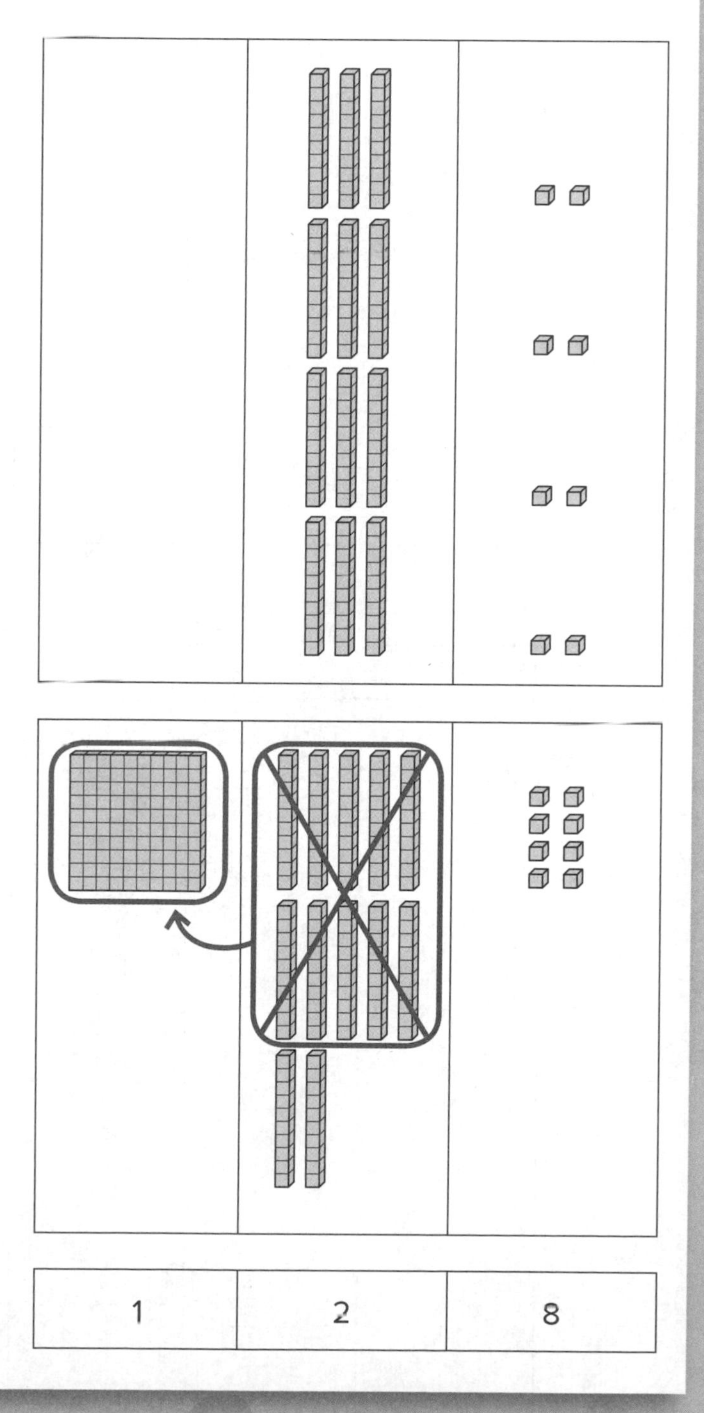

Je m'exerce

1 **Représente** les multiplications. **Trouve** les produits.

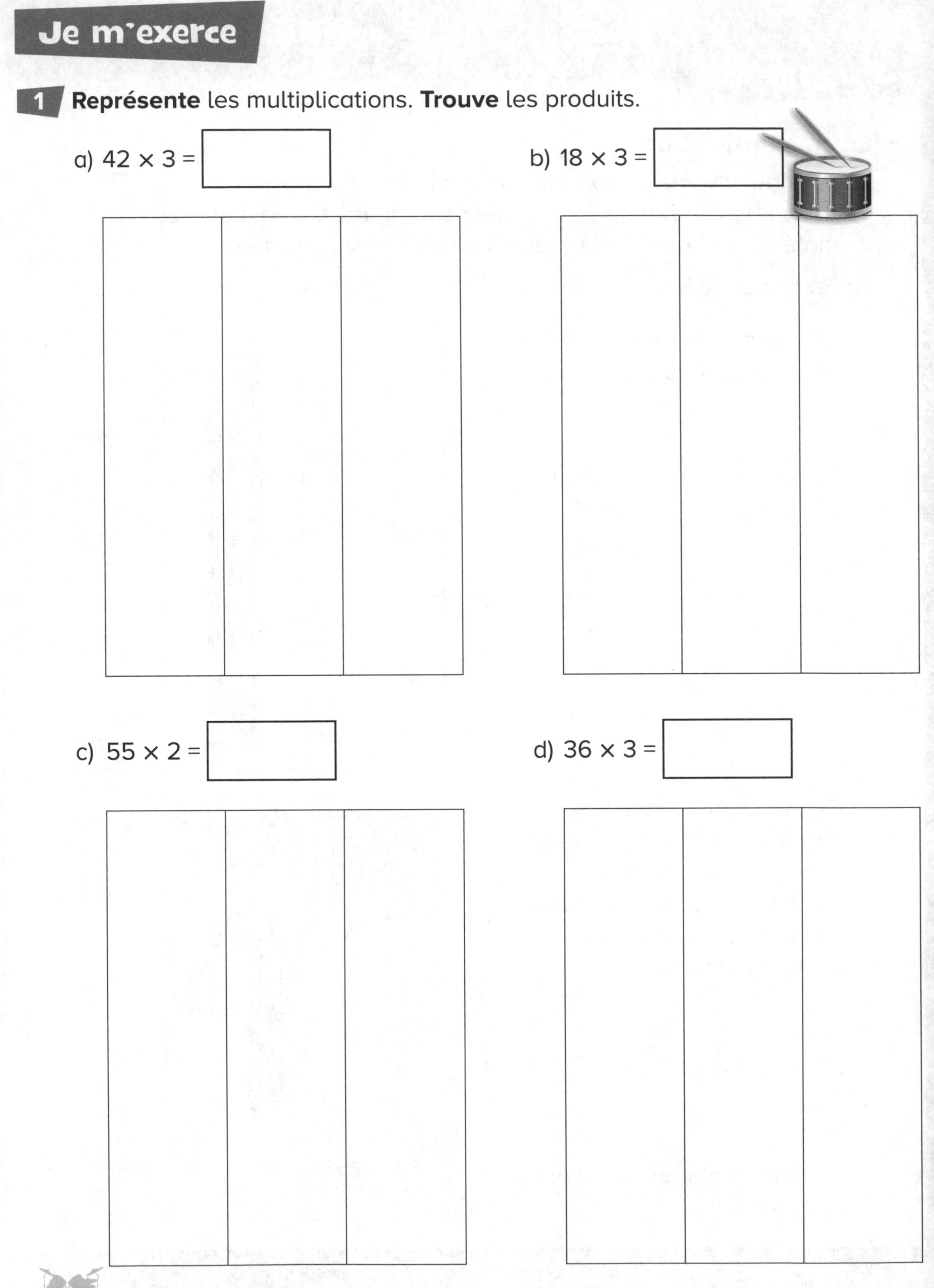

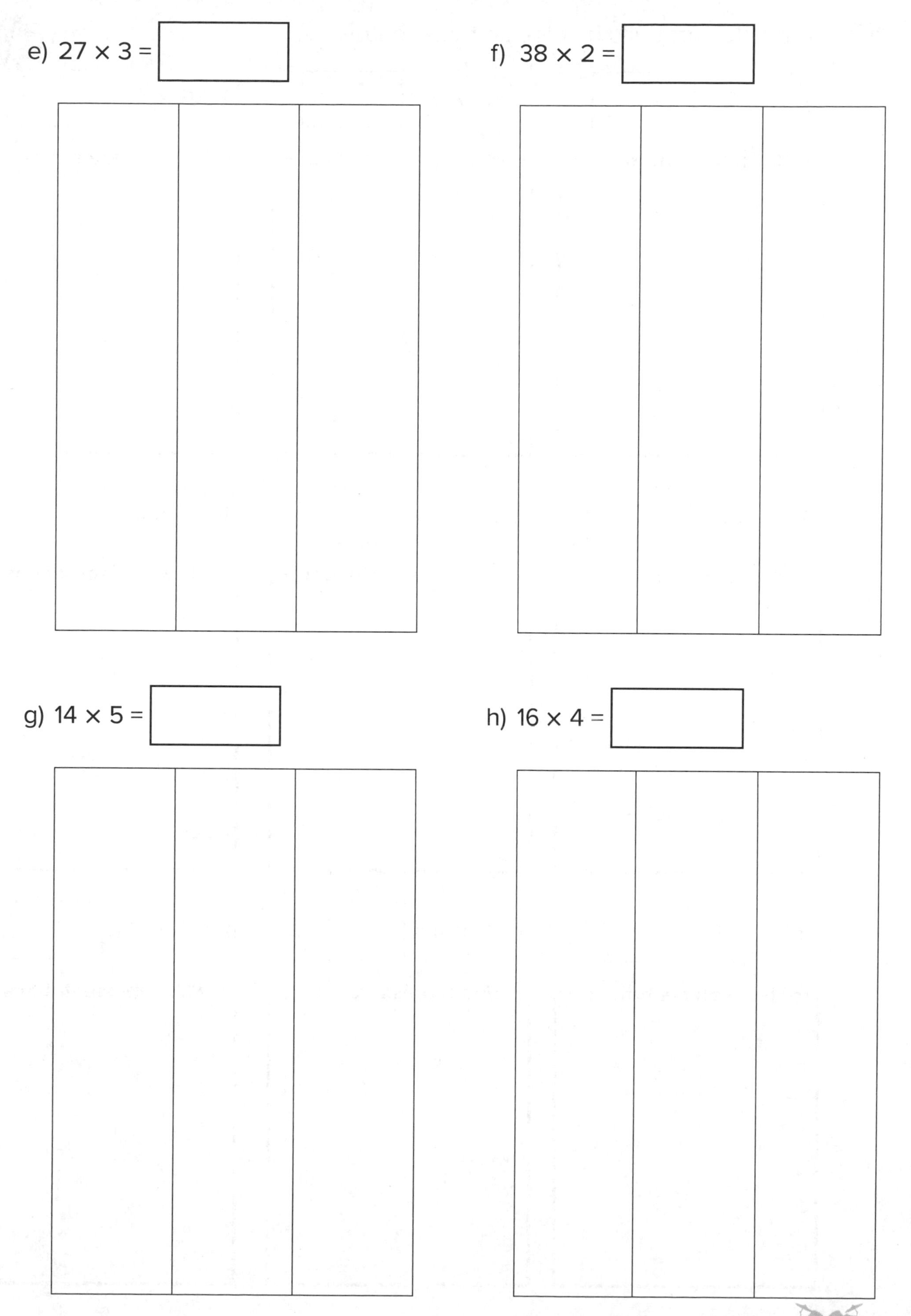
e) 27 × 3 =
f) 38 × 2 =
g) 14 × 5 =
h) 16 × 4 =

2 **Trouve** les produits à l'aide de représentations.

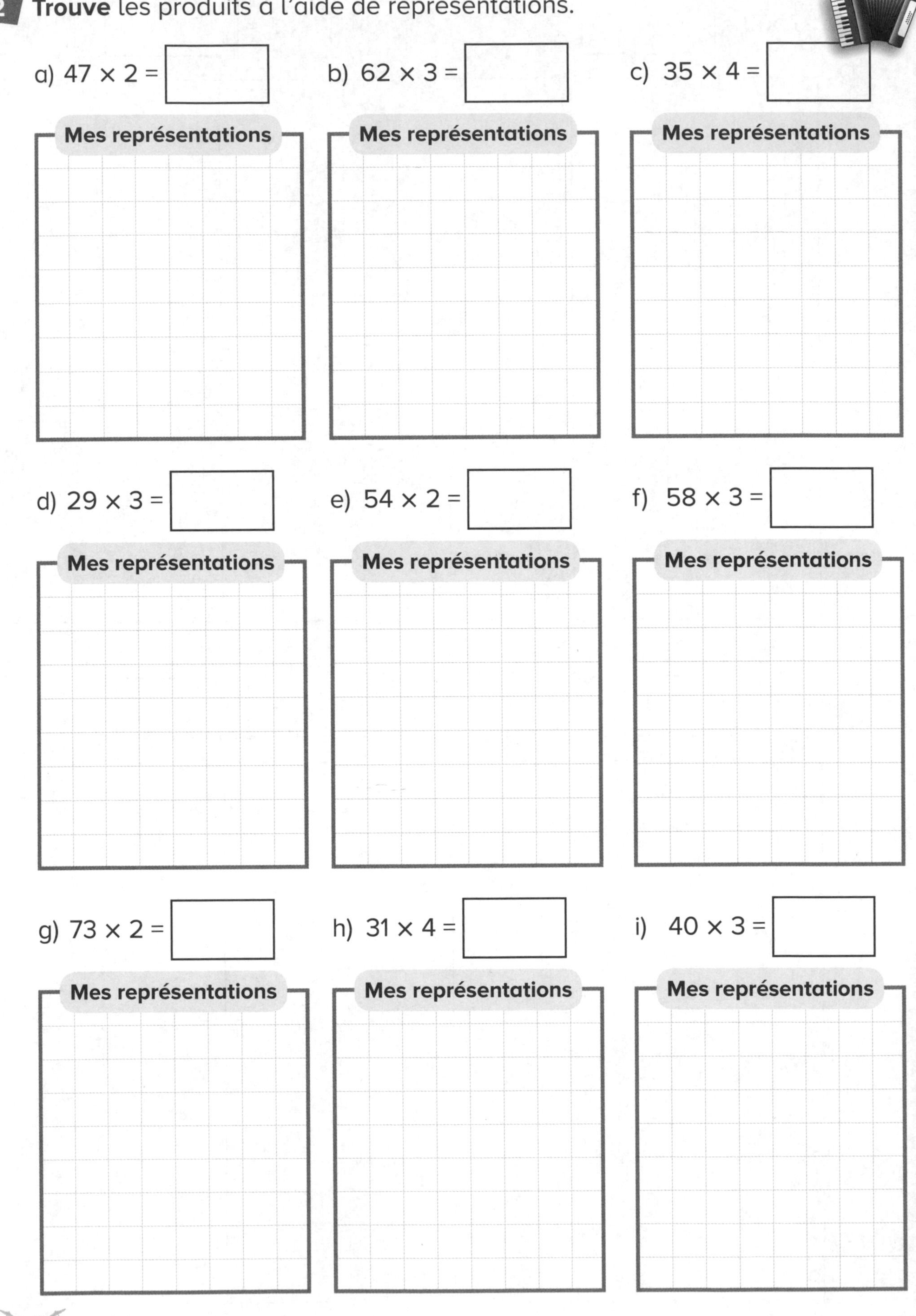

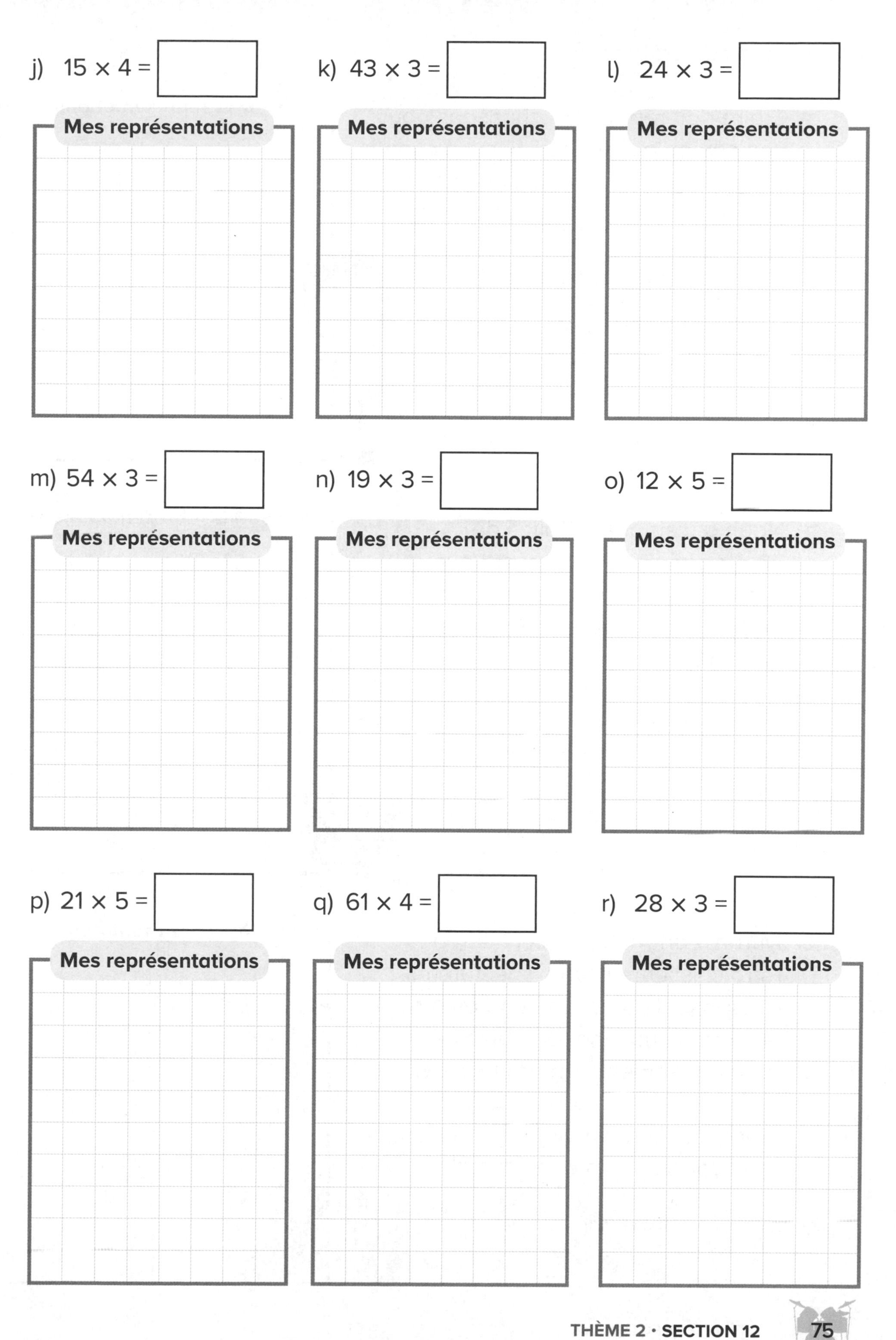
j) 15 × 4 =
Mes représentations
k) 43 × 3 =
Mes représentations
l) 24 × 3 =
Mes représentations
m) 54 × 3 =
Mes représentations
n) 19 × 3 =
Mes représentations
o) 12 × 5 =
Mes représentations
p) 21 × 5 =
Mes représentations
q) 61 × 4 =
Mes représentations
r) 28 × 3 =
Mes représentations

3 **Résous** ces problèmes.

a) Claire doit répéter 26 chansons pour une comédie musicale. Elle les chante 4 fois chacune. Combien de fois chante-t-elle ses chansons au total ?

Claire chante ses chansons

 fois au total.

Mes représentations

b) Noah a distribué 3 boîtes de 46 programmes aux spectateurs venus entendre le concert. Combien de programmes a-t-il distribués en tout ?

Noah a distribué ☐ programmes.

Mes représentations

c) Durant l'entracte, Vincent sert des rafraîchissements aux spectateurs. Il dispose de 3 caisses contenant 36 verres chacune. Combien de rafraîchissements pourra-t-il servir ?

Vincent pourra servir ☐ rafraîchissements.

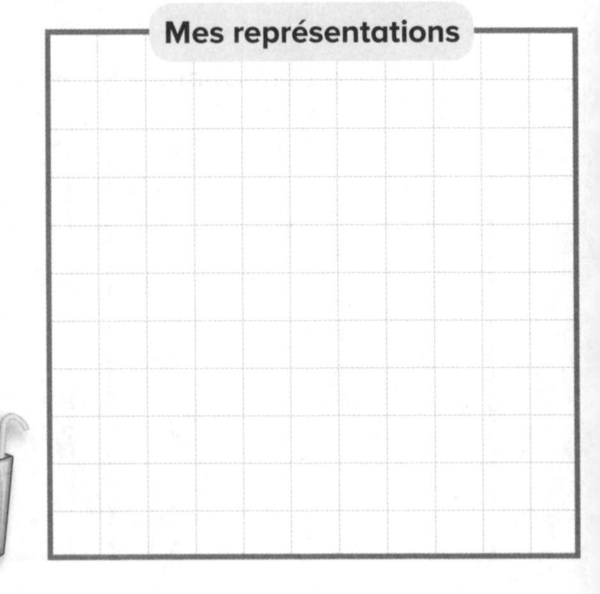

Je raisonne

Marion est accordeuse de pianos.

- Au cours des mois de juin, juillet et août, elle a accordé 200 touches sur 10 pianos différents.
- En juin, elle a accordé 4 pianos qui avaient chacun 17 touches désaccordées.
- En juillet, elle a accordé 5 pianos qui avaient chacun 21 touches désaccordées.

Combien y avait-il de touches désaccordées sur le piano qu'elle a accordé en août ?

CAPSULE LOGIK

Combien y a-t-il de saxophones dans cet ensemble ?
N'oublie pas de tenir compte des saxophones cachés sous la tache.

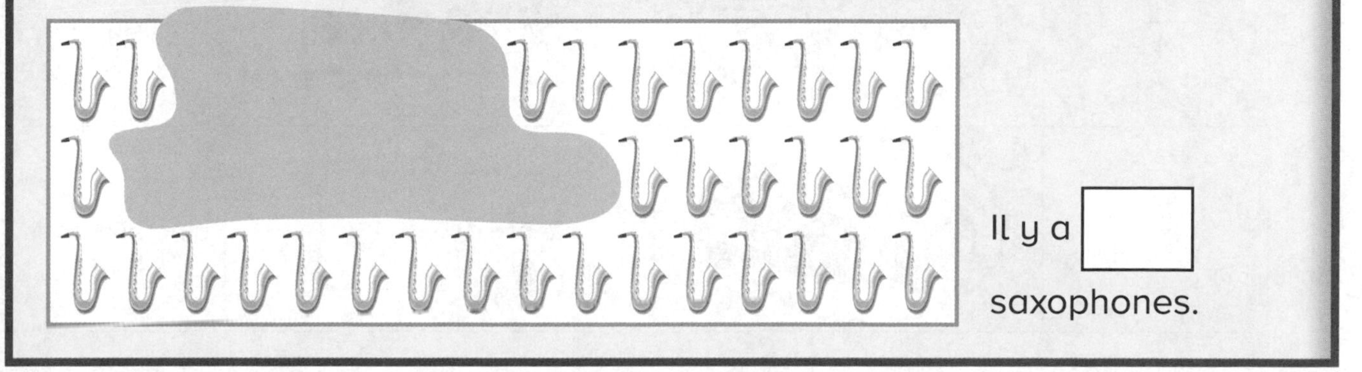

Il y a ☐ saxophones.

Section 13

J'apprends

Arithmétique – Fractions et comparaison de fractions

▶ Les fractions

Une **fraction** représente une ou plusieurs **parties équivalentes** d'un **tout**. Ce tout peut être un seul objet (un **entier**) ou un ensemble d'objets (une **collection**). Une fraction se compose d'un **numérateur** et d'un **dénominateur**.

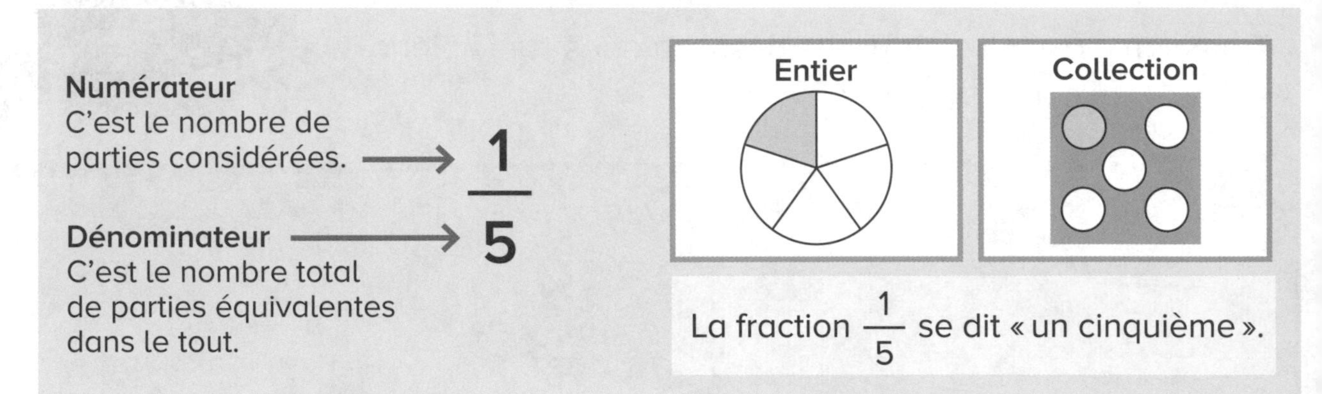

La fraction $\frac{1}{5}$ se dit « un cinquième ».

Voici d'autres exemples.

Fraction	Entier	Collection	Se dit...
$\frac{1}{2}$			un demi ou une demie
$\frac{2}{3}$			deux tiers
$\frac{3}{4}$			trois quarts
$\frac{5}{6}$			cinq sixièmes

Je m'exerce

1 **Complète** les phrases.

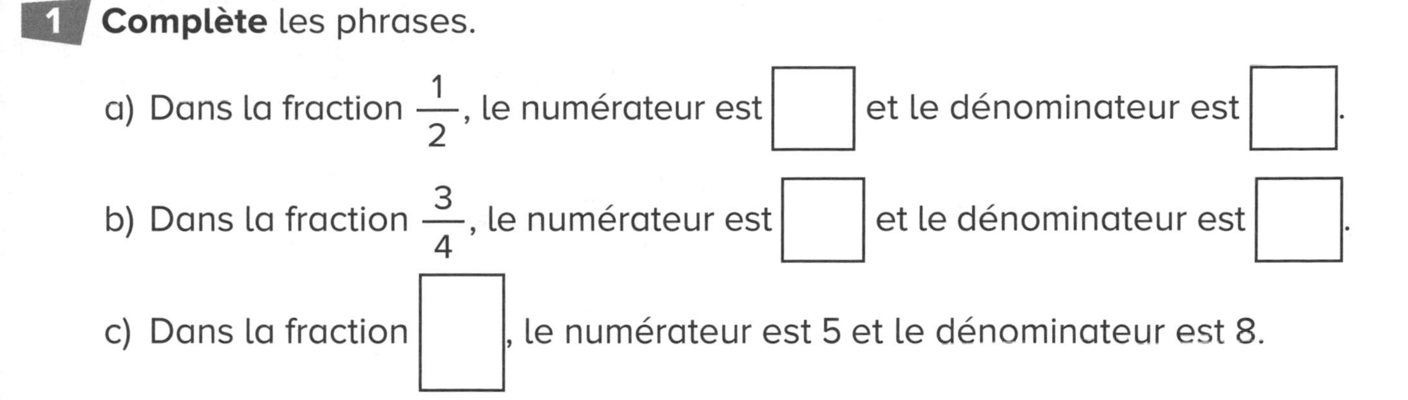

a) Dans la fraction $\frac{1}{2}$, le numérateur est ☐ et le dénominateur est ☐.

b) Dans la fraction $\frac{3}{4}$, le numérateur est ☐ et le dénominateur est ☐.

c) Dans la fraction ☐, le numérateur est 5 et le dénominateur est 8.

2 **Colorie** chaque figure de façon à représenter les fractions indiquées.

a) $\frac{3}{10}$

b) $\frac{1}{3}$

c) $\frac{4}{9}$

d) $\frac{3}{7}$

e) $\frac{4}{6}$

f) $\frac{7}{12}$

g) $\frac{7}{9}$

h) $\frac{17}{19}$

3 **Associe** chaque fraction à sa représentation.

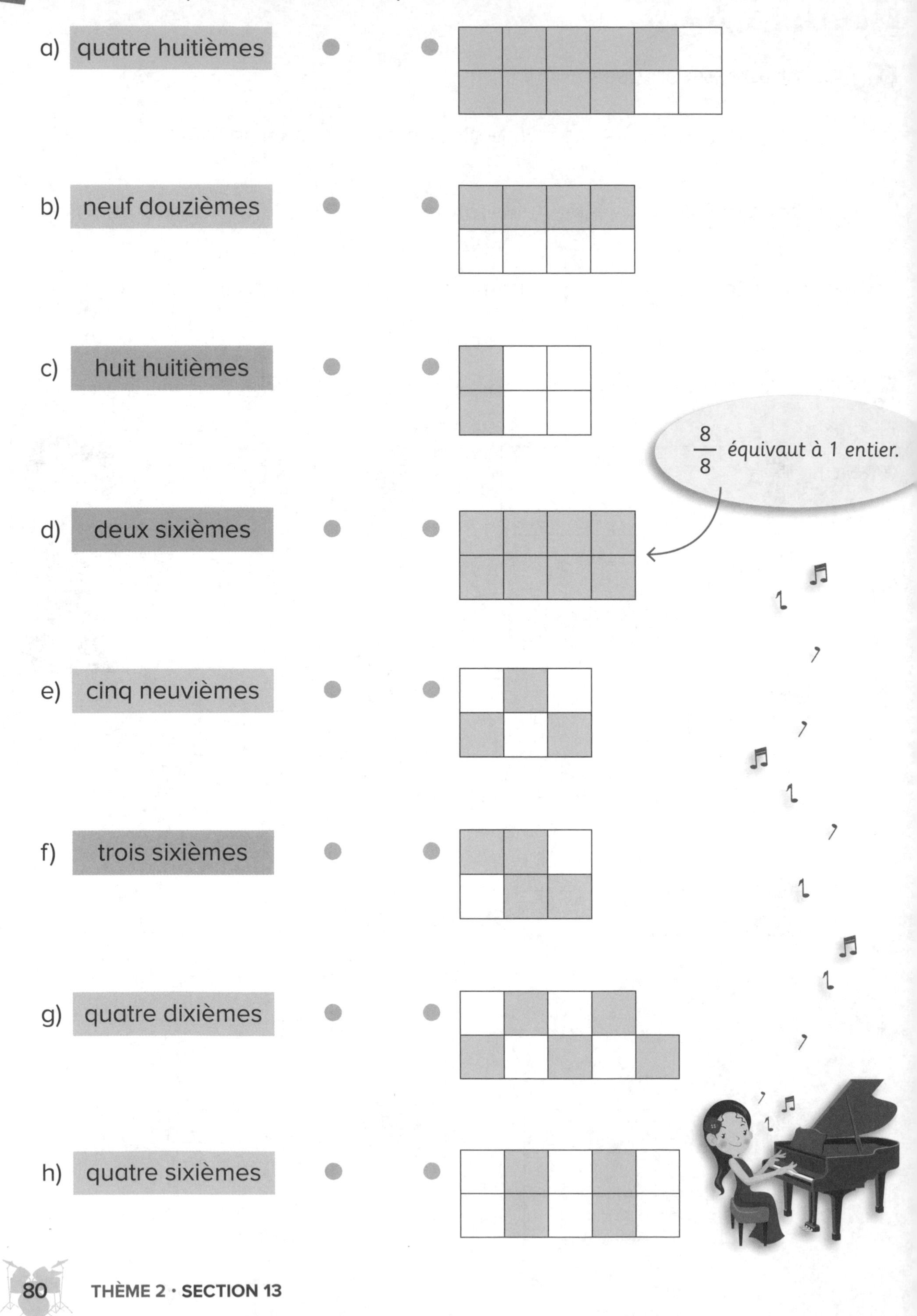

J'apprends

▶ La comparaison de fractions

- Lorsque les entiers sont identiques et que les fractions ont le même dénominateur, il suffit de comparer les numérateurs.

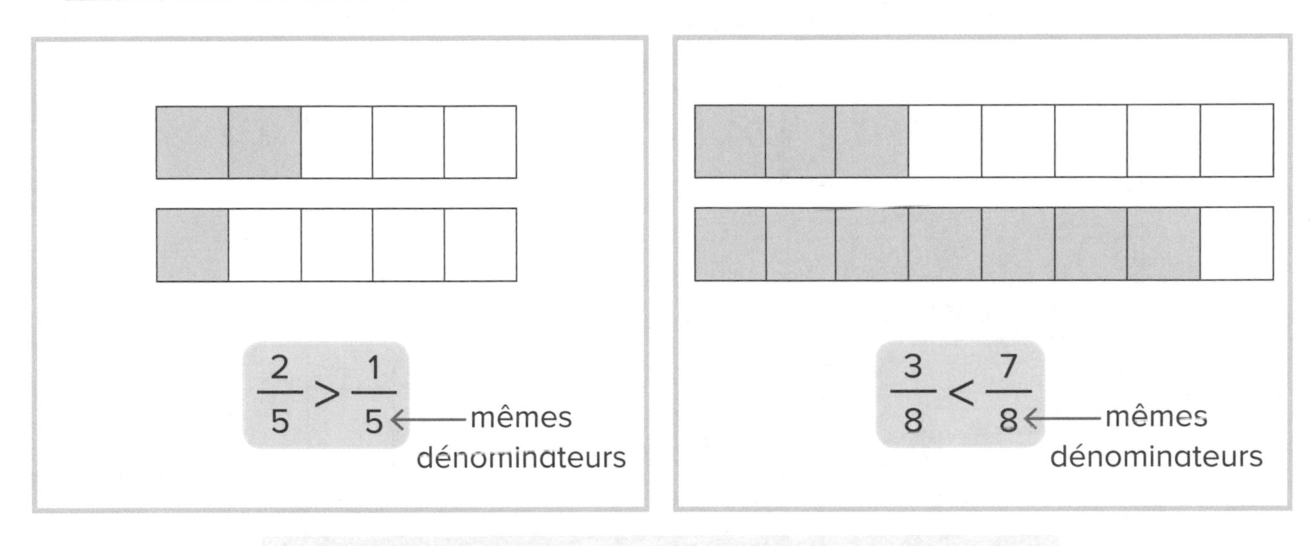

2 fractions qui ont le même dénominateur ont le même nombre de parties.

- Lorsque les entiers sont identiques, mais que les dénominateurs sont différents, on peut les représenter pour les comparer.

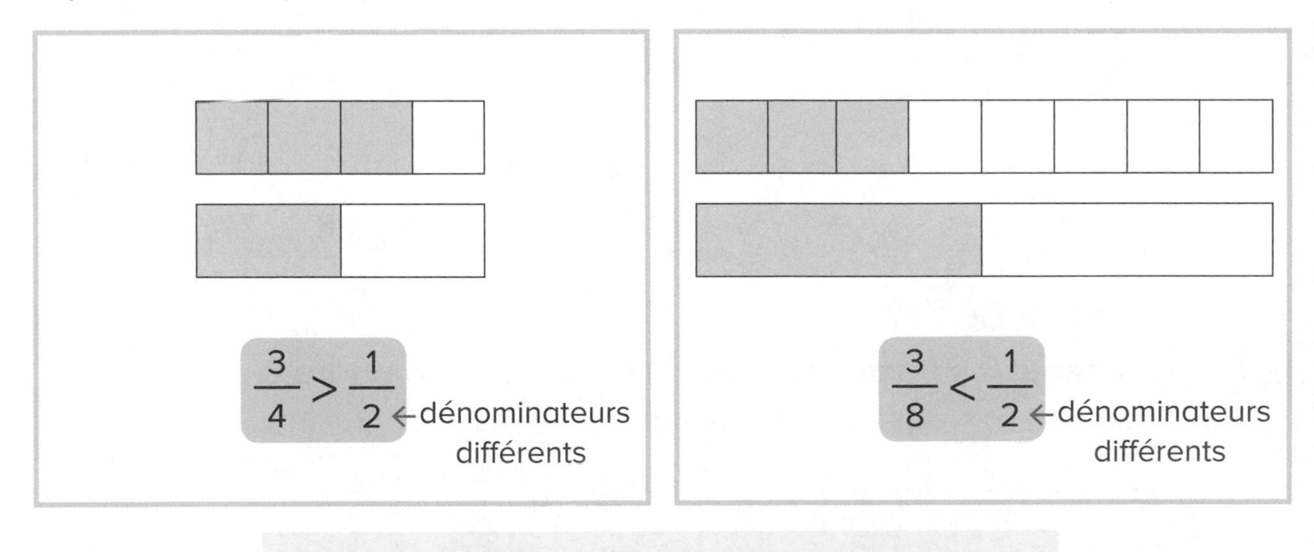

2 fractions qui ont des dénominateurs différents n'ont pas le même nombre de parties.

Je m'exerce

1 **Réponds** aux questions.

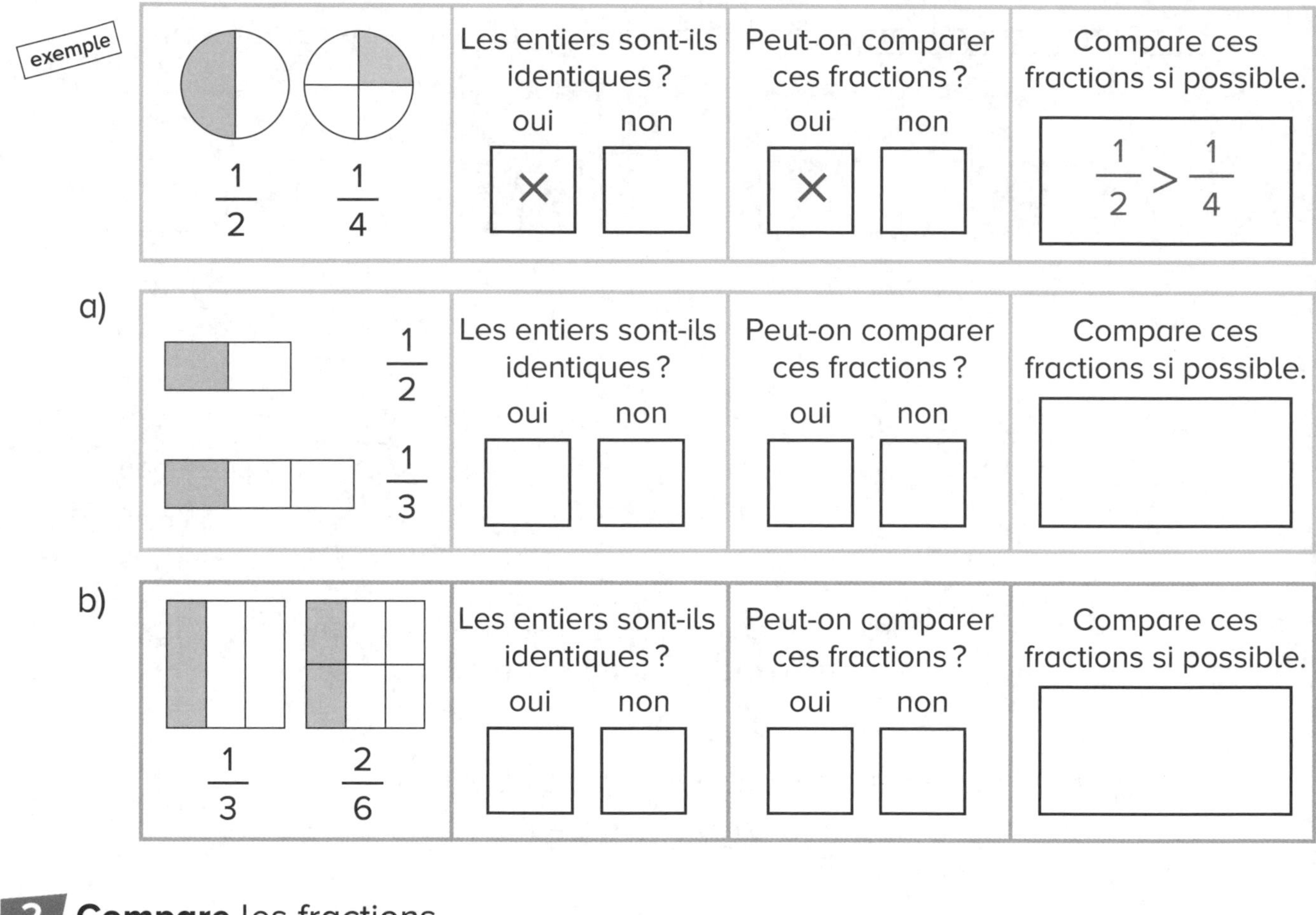

2 **Compare** les fractions.

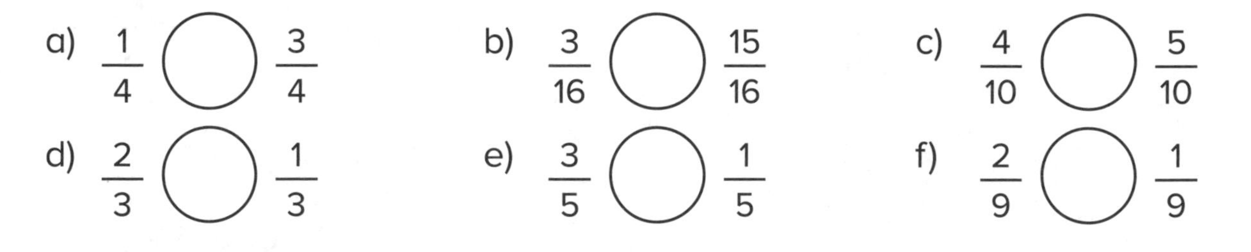

3 **Représente** les fractions en les coloriant, puis **compare**-les en écrivant >, < ou = dans le cercle.

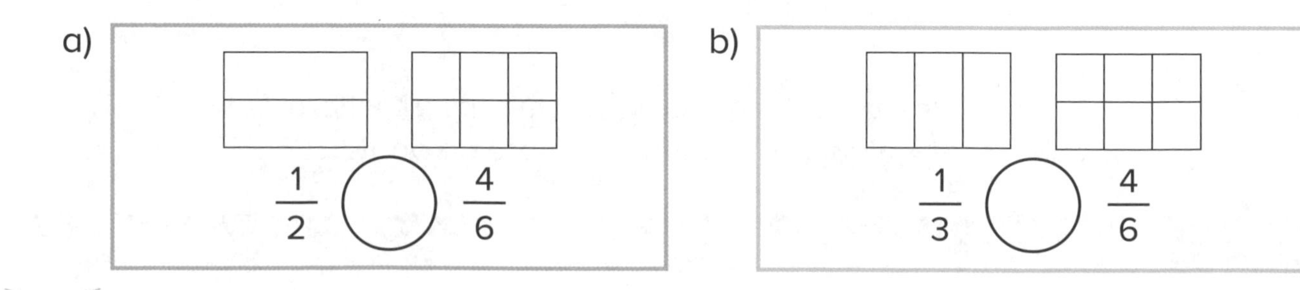

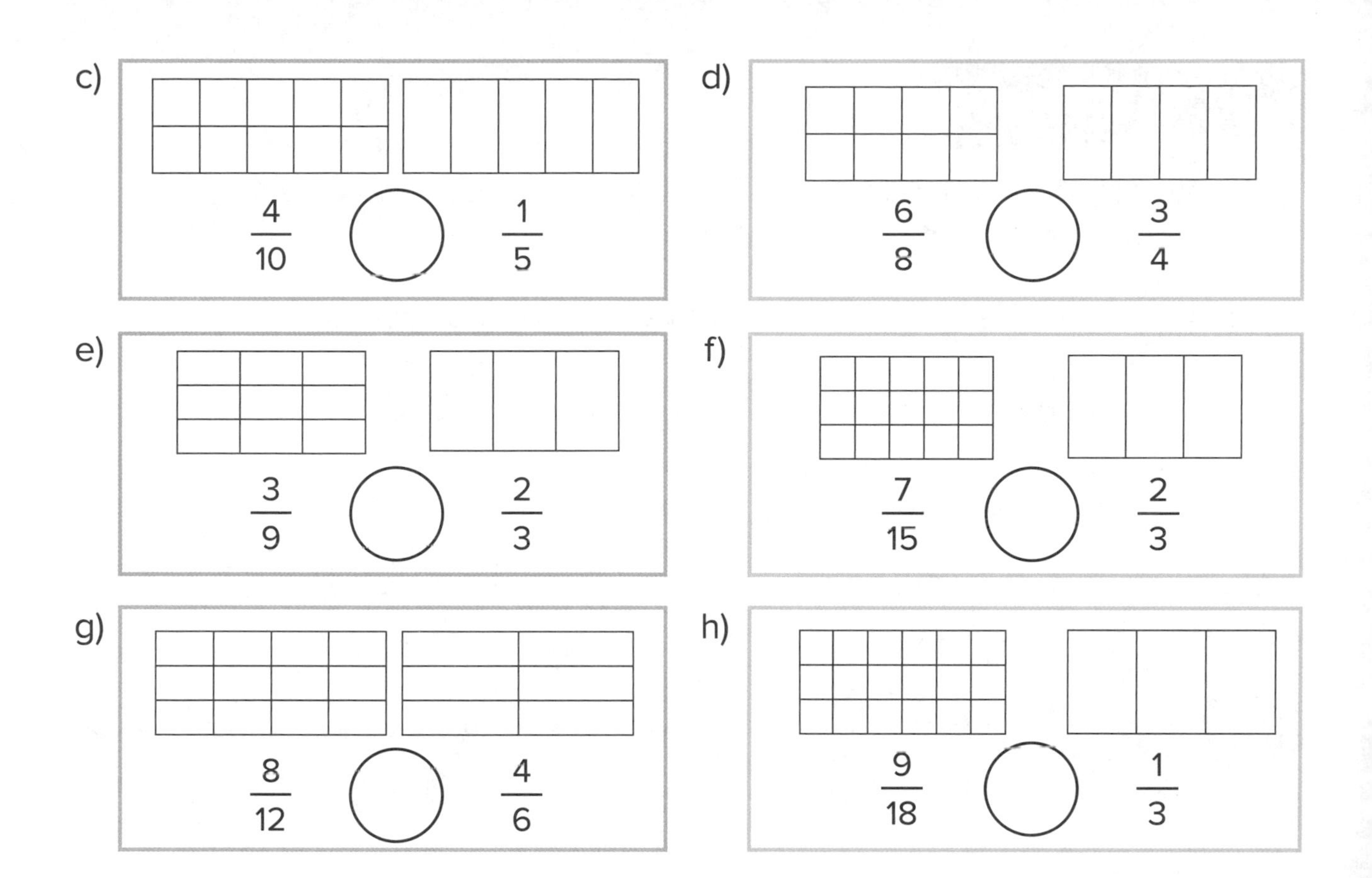

4 **Résous** ces problèmes.

a) Laure a peint les $\frac{2}{3}$ de l'affiche du spectacle de musique. Magalie a peint les $\frac{3}{6}$ de l'affiche du spectacle de danse. Qui est la plus avancée dans son travail ?

[ ] est la plus avancée.

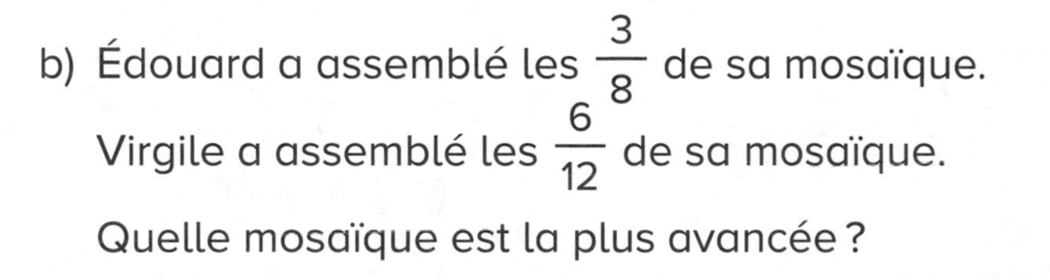

b) Édouard a assemblé les $\frac{3}{8}$ de sa mosaïque. Virgile a assemblé les $\frac{6}{12}$ de sa mosaïque. Quelle mosaïque est la plus avancée ?

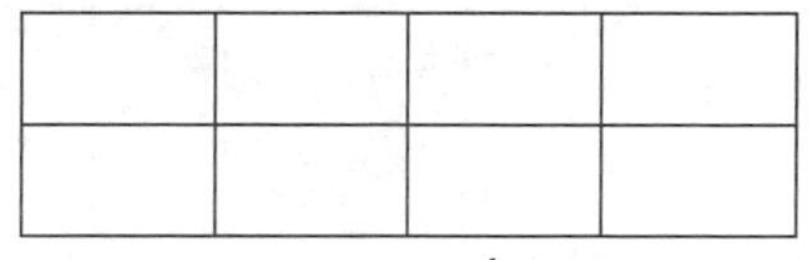
Mosaïque d'Édouard

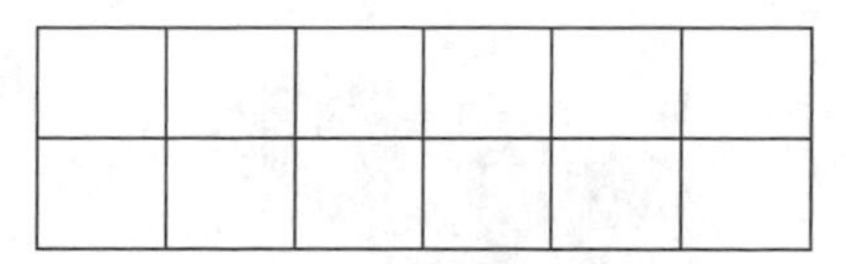
Mosaïque de Virgile

La mosaïque la plus avancée est celle de [ ].

Je raisonne

L'école organise un souper-spectacle. Les organisateurs doivent choisir une des 3 nappes suivantes :

- les $\frac{5}{12}$ de la première nappe sont verts et le reste est blanc ;
- les $\frac{2}{6}$ de la deuxième nappe sont verts et le reste est blanc ;
- les $\frac{13}{24}$ de la troisième nappe sont verts et le reste est blanc.

Les organisateurs ont choisi la nappe où il y a le moins de vert. De quelle nappe s'agit-il ?

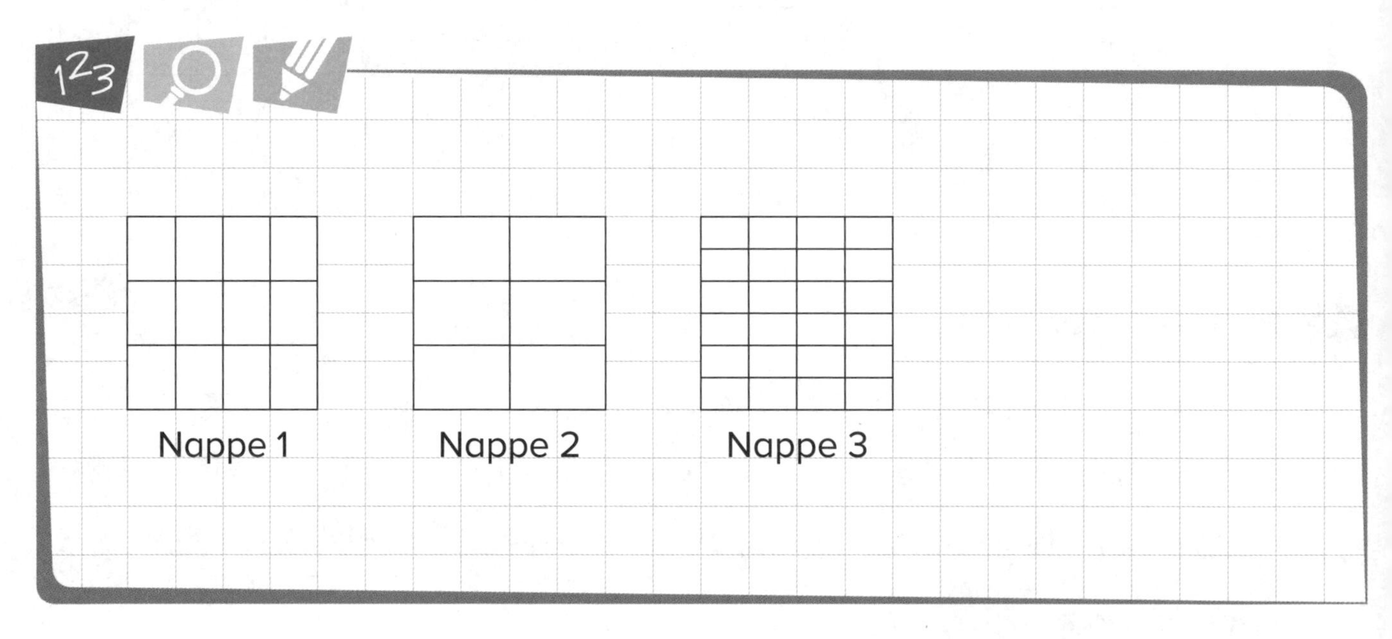

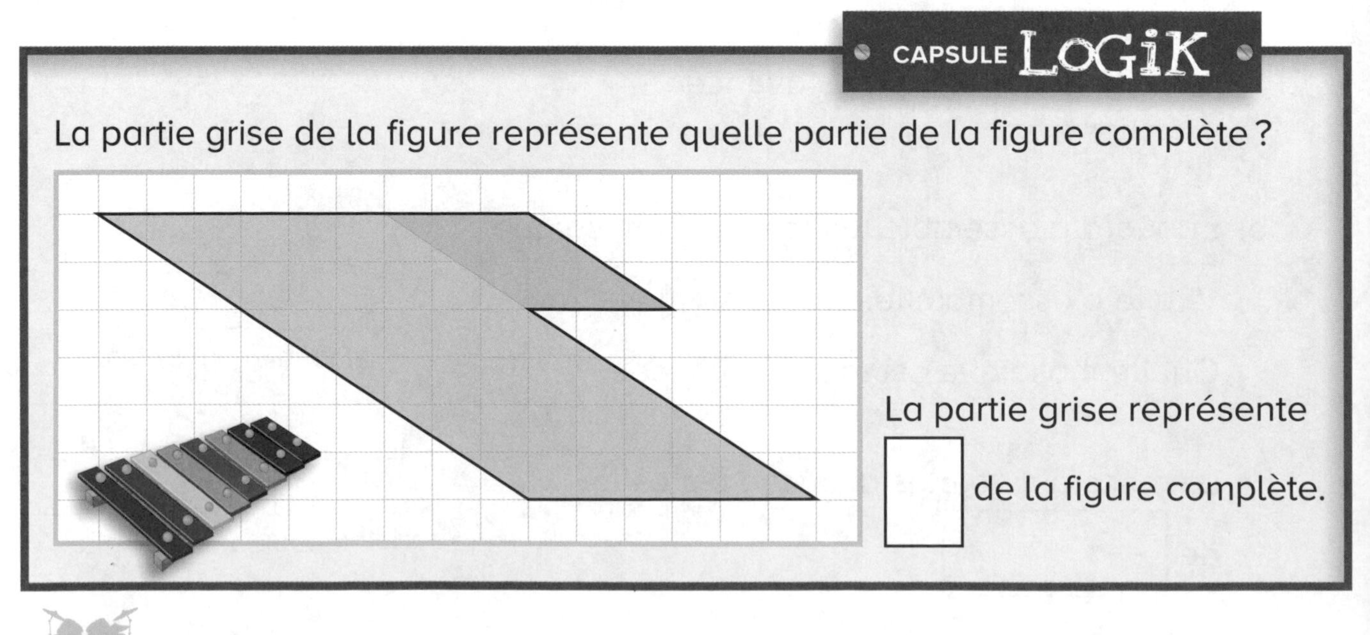

J'apprends

Arithmétique – Représentation des nombres décimaux

▸ Le nombre décimal

Un **nombre décimal** est un nombre qui contient 2 parties : une partie entière et une partie fractionnaire.

- La partie entière doit contenir au moins 1 chiffre. Lorsque sa valeur est nulle, on écrit 0.
- La valeur des chiffres de la partie fractionnaire dépend de leur position. Le premier chiffre à droite de la virgule représente les **dixièmes**. Le deuxième chiffre à droite de la virgule représente les **centièmes**.

Partie entière			Partie fractionnaire	
Centaines	Dizaines	Unités	Dixièmes	Centièmes
		0,	7	5
	3	0,	4	

On ne met pas de 0 lorsqu'il n'y a pas de centièmes.

0,75 peut aussi s'écrire : $\frac{75}{100}$, et on dit « soixante-quinze centièmes ».

30,4 peut aussi s'écrire : $30\frac{4}{10}$, et on dit « trente et quatre dixièmes ».

On peut représenter les nombres décimaux à l'aide d'une droite numérique.

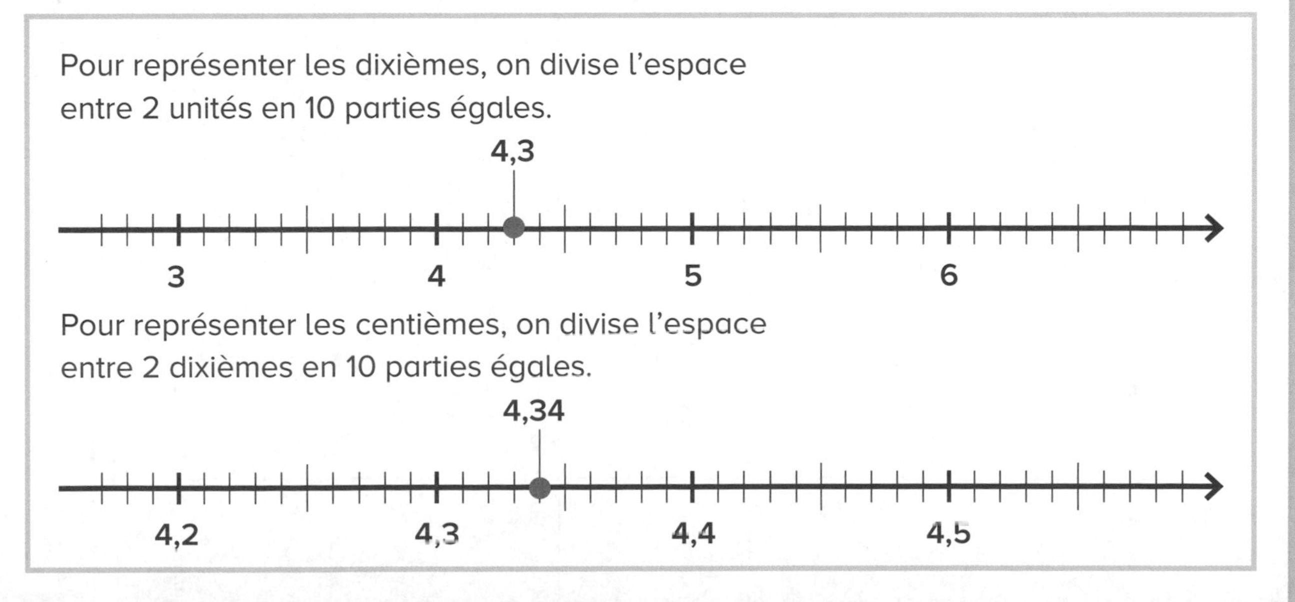

Je m'exerce

1 **Remplis** le tableau.

	Nombre décimal	Fraction	Se dit...
a)		$2\frac{3}{10}$	deux et trois dixièmes
b)			trois et trente-deux centièmes
c)	2,03		
d)			vingt-trois centièmes

2 **Écris** chaque nombre sous forme décimale dans le tableau de numération.

	Centaines	Dizaines	Unités	Dixièmes	Centièmes
a) $67\frac{59}{100}$					
b) $103\frac{45}{100}$					
c) $32\frac{3}{100}$					
d) $102\frac{43}{100}$					
e) $56\frac{4}{100}$					
f) $39\frac{2}{10}$					

3 **Place** chaque nombre décimal sur la droite numérique.

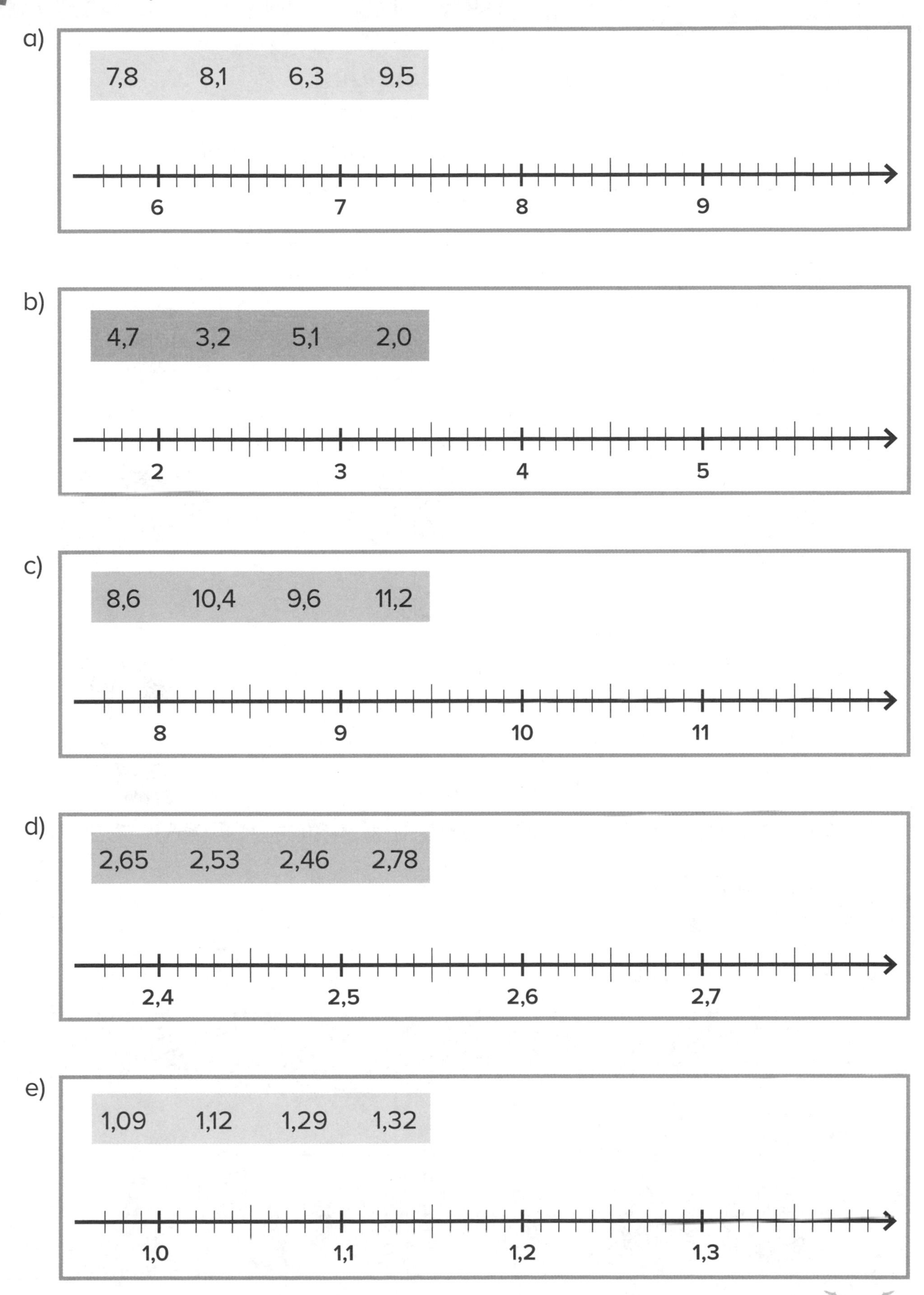

J'apprends

► La monnaie et les nombres décimaux

On utilise souvent les nombres décimaux dans la vie quotidienne. C'est le cas, par exemple, lorsqu'on se sert de la monnaie.

- Une pièce de 1 ¢ vaut $\frac{1}{100}$ de 1 $. C'est pourquoi on peut écrire 1 ¢ ou 0,01 $.
- Une pièce de 10 ¢ vaut $\frac{1}{10}$ de 1 $. C'est pourquoi on peut écrire 10 ¢ ou 0,10 $.

On peut représenter 2,43 $ de la façon suivante.

Unités	Dixièmes	Centièmes
2,	4	3
1 $ 1 $	10 ¢ 10 ¢ 10 ¢ 10 ¢	1 ¢ 1 ¢ 1 ¢

Lorsqu'on écrit des sommes d'argent, il faut toujours placer un chiffre à la position des centièmes. Par exemple, il faut écrire 3,40 $ et non 3,4 $.

On dit « deux dollars et quarante-trois cents ».

Je m'exerce

1 **Remplis** le tableau.

	Représentation	Somme (en chiffres)	Somme (en lettres)
a)	2 $ 25 ¢ 10 ¢		
b)	1 $ 1 $ 10 ¢		

2 **Relie** chaque groupe de pièces de monnaie à la somme qu'il représente.

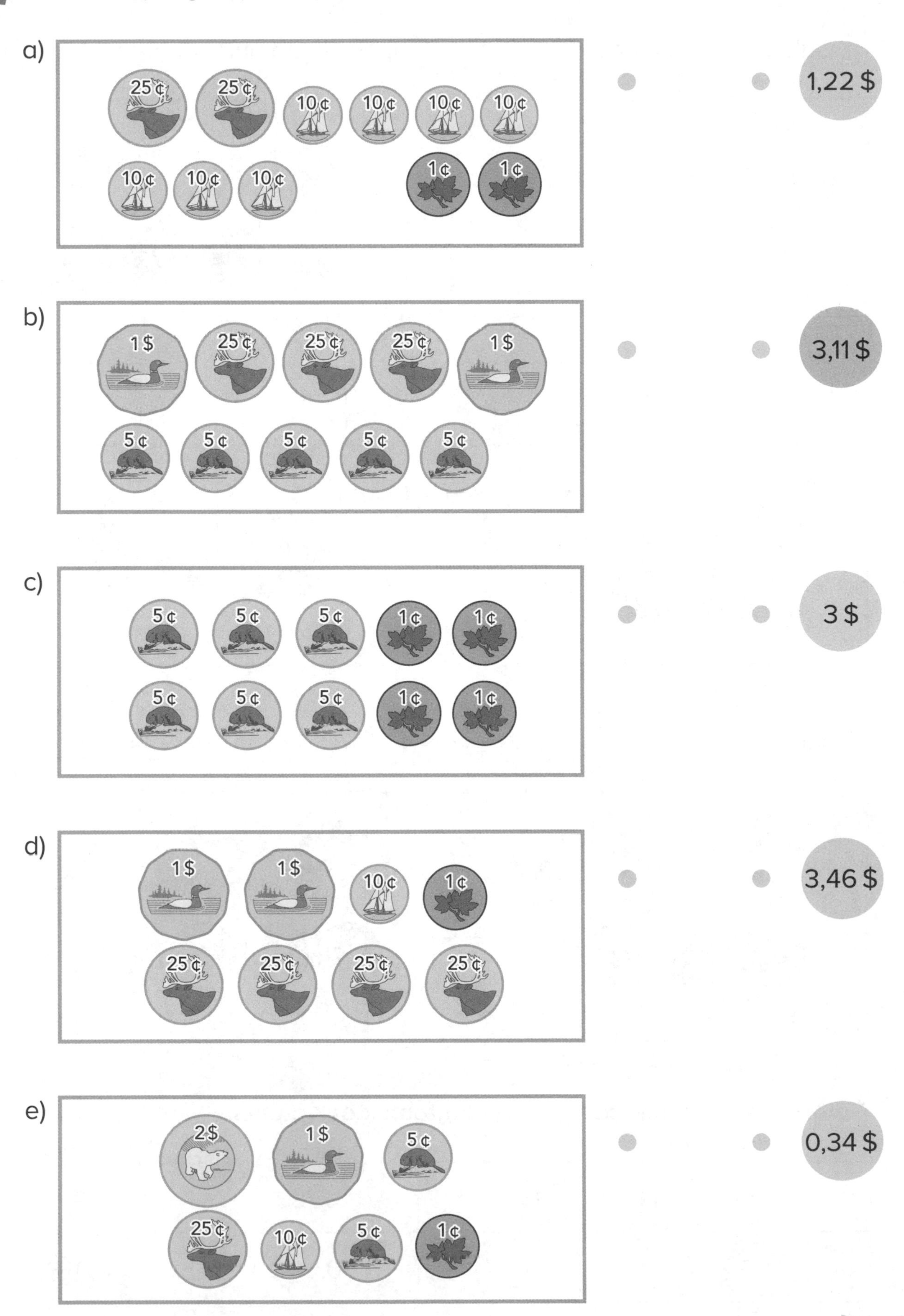

3 **Indique** le prix de chaque article.

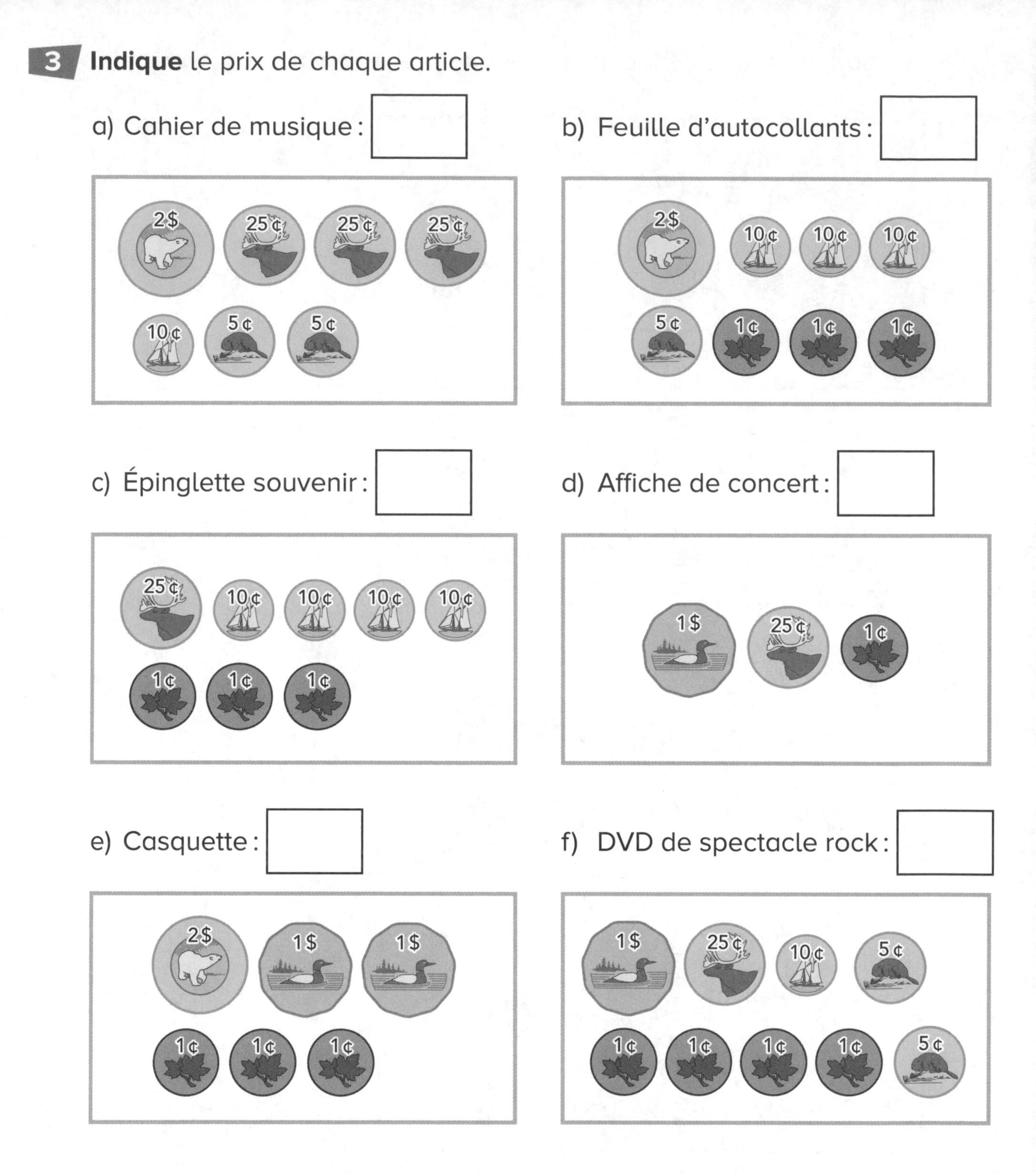

a) Cahier de musique : ☐

b) Feuille d'autocollants : ☐

c) Épinglette souvenir : ☐

d) Affiche de concert : ☐

e) Casquette : ☐

f) DVD de spectacle rock : ☐

4 **Colorie** de la même couleur les montants équivalents.

60 ¢	1 ¢	0,78 $	99 ¢
0,99 $	78 ¢	0,60 $	0,01 $

Je raisonne

Pour son anniversaire, les parents de Christophe lui offrent d'assister au spectacle d'un de ses chanteurs préférés.
Il a le choix entre 3 spectacles.

Sami et ses musiciens	Tommy et sa guitare électrique	Alison en solo
3,8	8,8	8,21
10,4	4,56	3,25
0,89	3,07	2,9
9,45	5,81	9,87

Dans le tableau, élimine les nombres qui correspondent aux descriptions ci-dessous. Le nombre qui reste t'indique quel spectacle Christophe ira voir.

Nombres compris entre 3 et 4 :
Nombres supérieurs à 8,7 :
Nombres inférieurs à 3 :
Nombres ayant un 1 à la position des centièmes :

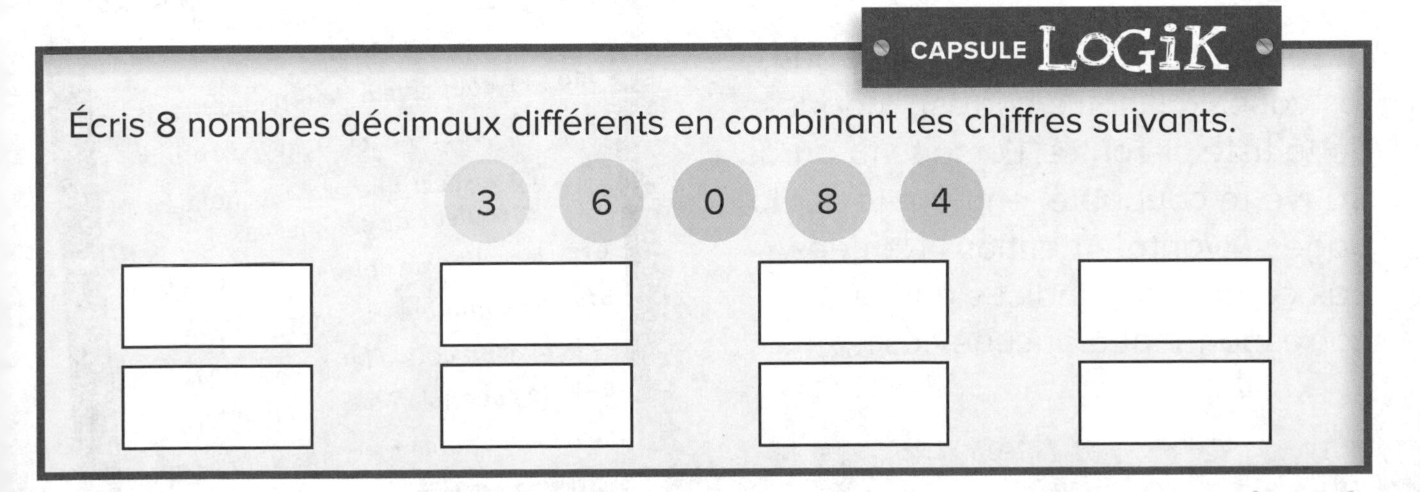

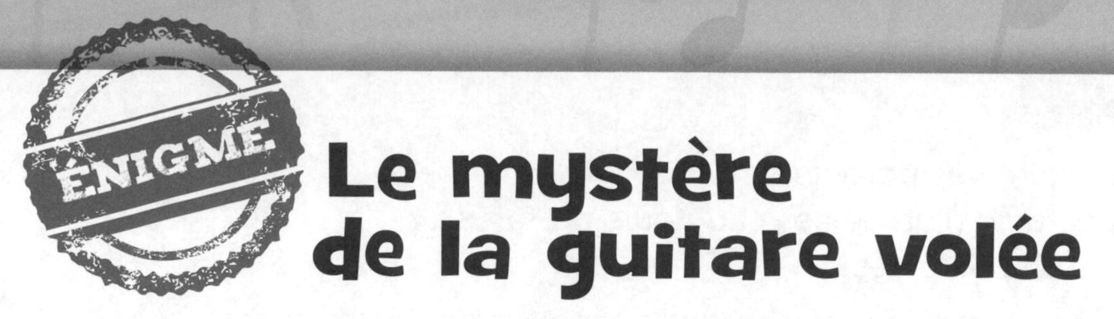

Le mystère de la guitare volée

Malheur ! On a volé la guitare de l'orchestre de l'école. Il faut trouver le coupable parmi tous les individus soupçonnés.

Cherche les instruments de musique suivants dans les pages 57 à 91. Près de chaque instrument se trouve un nombre. Reporte ce nombre dans les cases sous les instruments.

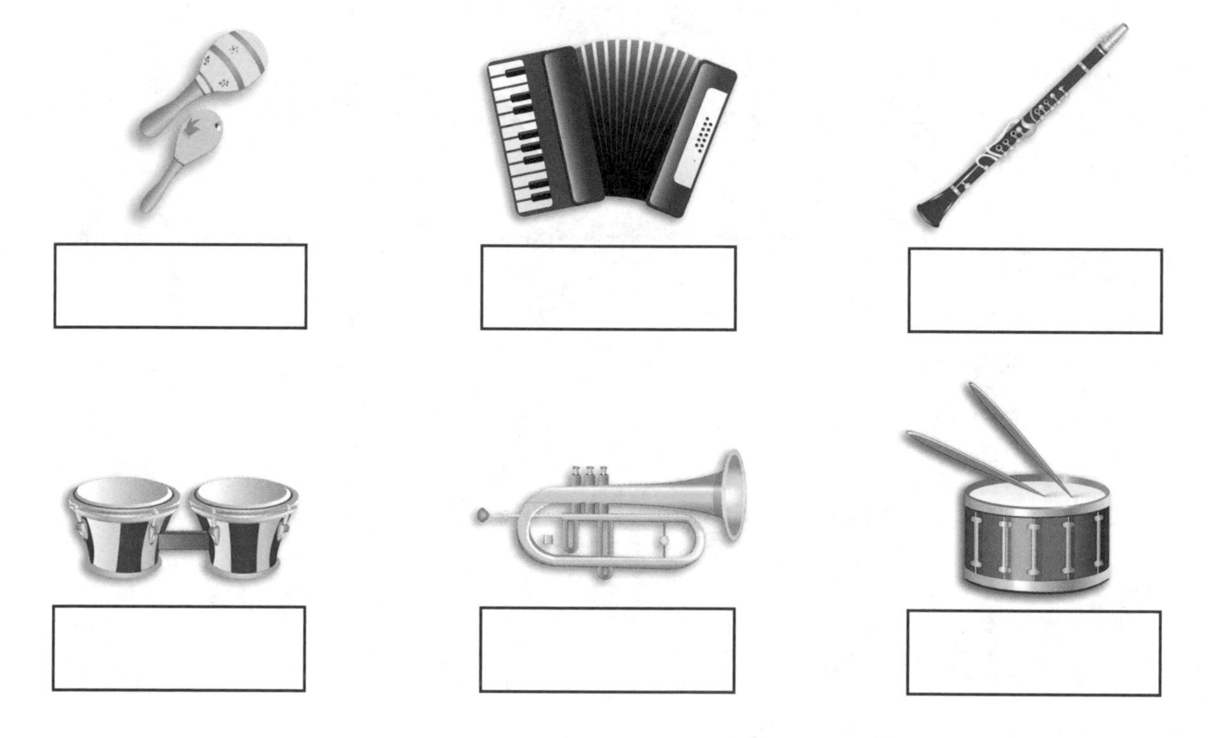

Associe chaque nombre inscrit dans les cases à l'indice correspondant de la liste ci-contre. Lorsque tu auras trouvé le coupable, entoure-le sur la page suivante. Attention ! Ne tiens pas compte des indices qui ne correspondent à aucune case.

Indices

- **180** Le coupable a de grandes mains.
- **140** Le coupable a les cheveux bruns.
- **3** Le suspect numéro 4 a changé la couleur de ses cheveux.
- **671** Le coupable porte un chandail bleu.
- **516** Le coupable est sourd.
- **554** Le coupable a les yeux bruns.
- **54** Le coupable n'est pas une fille.
- **903** Le coupable n'est pas un garçon.

Suspect numéro 1
Claire Sinclair
29 ans
Suspect numéro 2
Doris Donovan
42 ans
Suspect numéro 3
Rémi Rémillard
44 ans
Suspect numéro 4
Mike Miquelon
36 ans

Révision | Sections 9 à 14

Arithmétique

1 **Complète** la suite de nombres. **Trouve** la règle de la régularité.

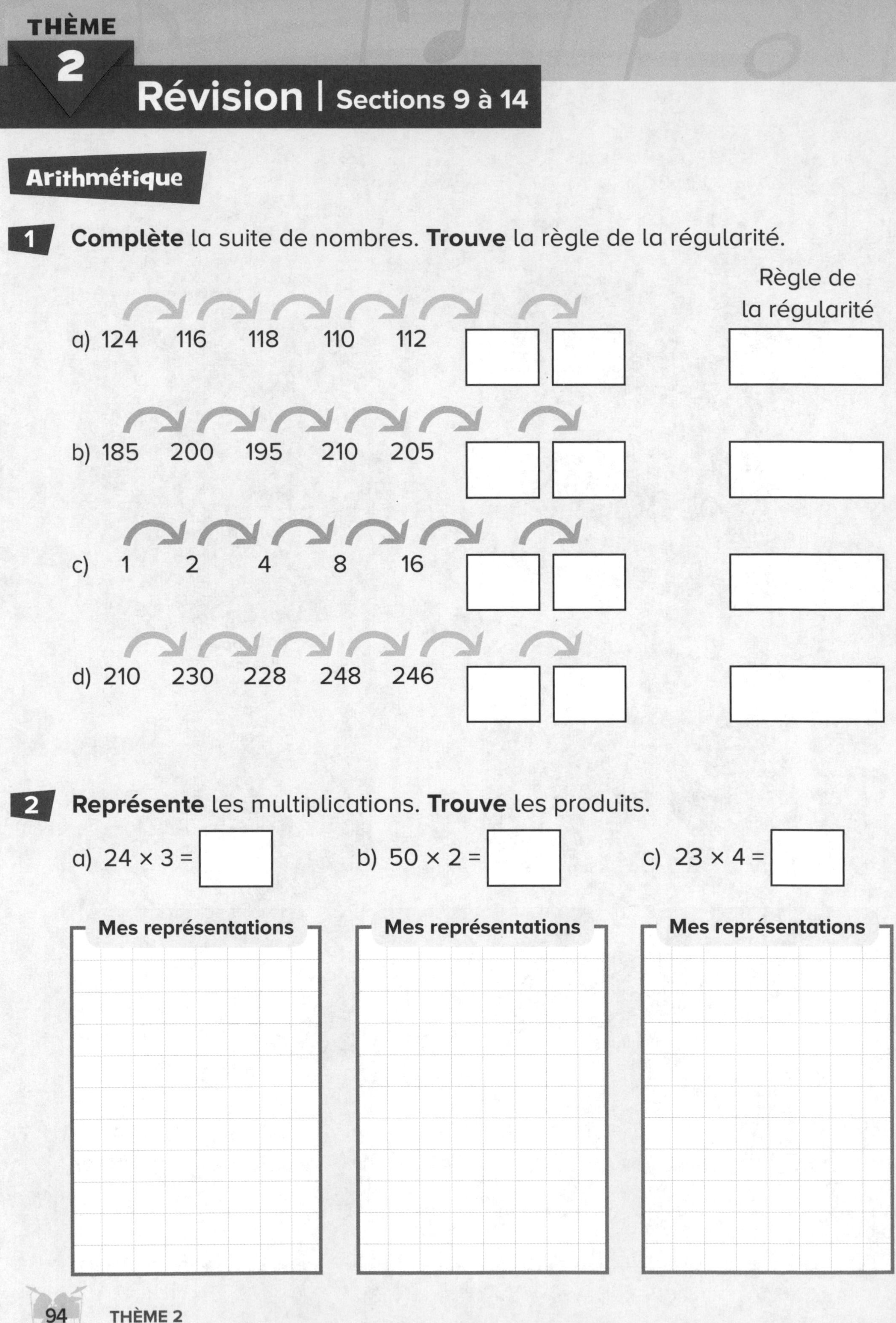

Règle de la régularité

a) 124 116 118 110 112 ☐ ☐ ☐

b) 185 200 195 210 205 ☐ ☐ ☐

c) 1 2 4 8 16 ☐ ☐ ☐

d) 210 230 228 248 246 ☐ ☐ ☐

2 **Représente** les multiplications. **Trouve** les produits.

a) 24 × 3 = ☐

b) 50 × 2 = ☐

c) 23 × 4 = ☐

Mes représentations

Mes représentations

Mes représentations

d) 45 × 2 = ☐ e) 14 × 4 = ☐ f) 50 × 3 = ☐

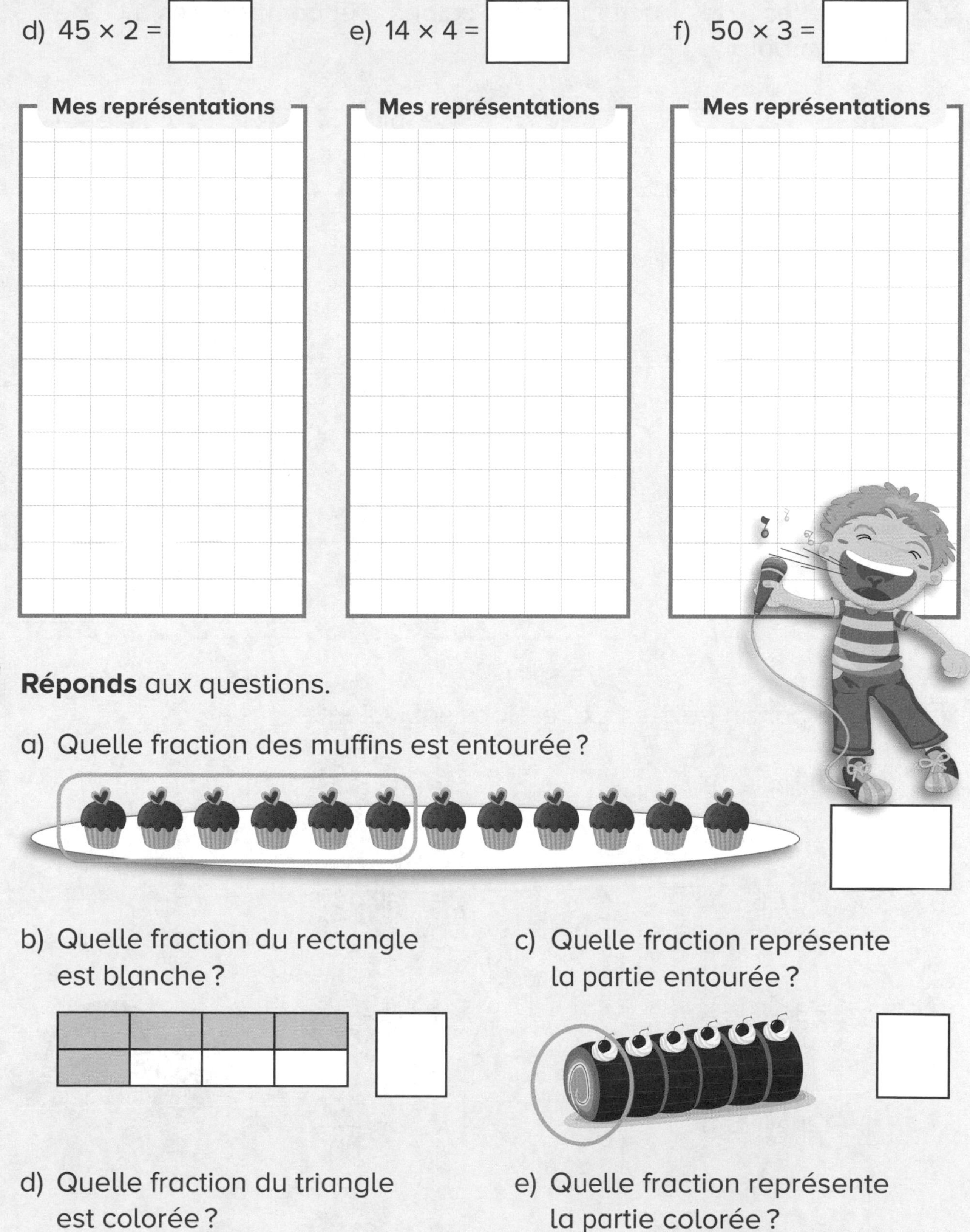

3 **Réponds** aux questions.

a) Quelle fraction des muffins est entourée ?

b) Quelle fraction du rectangle est blanche ?

c) Quelle fraction représente la partie entourée ?

d) Quelle fraction du triangle est colorée ?

e) Quelle fraction représente la partie colorée ?

4 **Représente** les fractions en les coloriant et **compare**-les à l'aide du symbole >, < ou =.

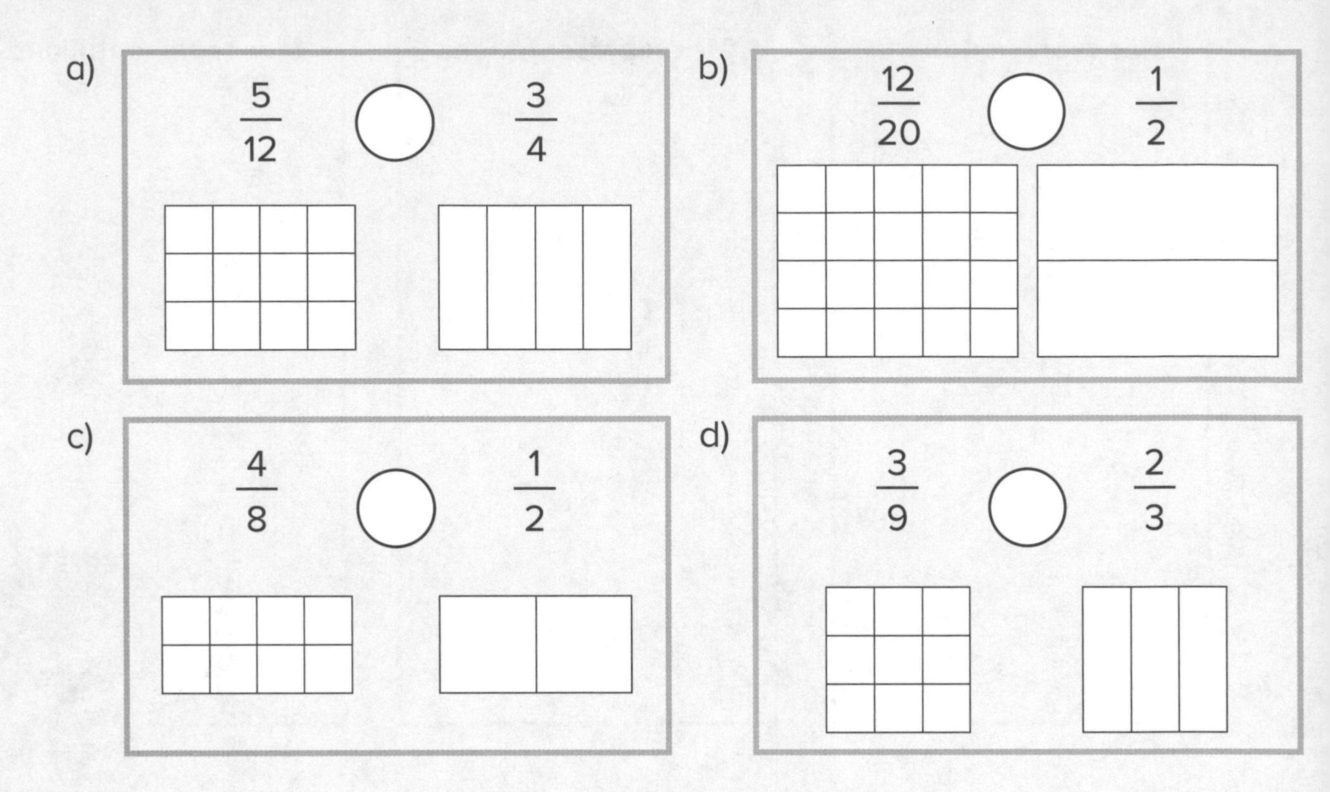

5 **Relie** par un trait les expressions équivalentes.

6 Voici plusieurs pièces de monnaie.

a) **Colorie** les pièces de monnaie de façon à représenter les sommes suivantes :

- en bleu : 2,35 $;
- en vert : 1,80 $;
- en rouge : 0,92 $;
- en orange : 1,47 $.

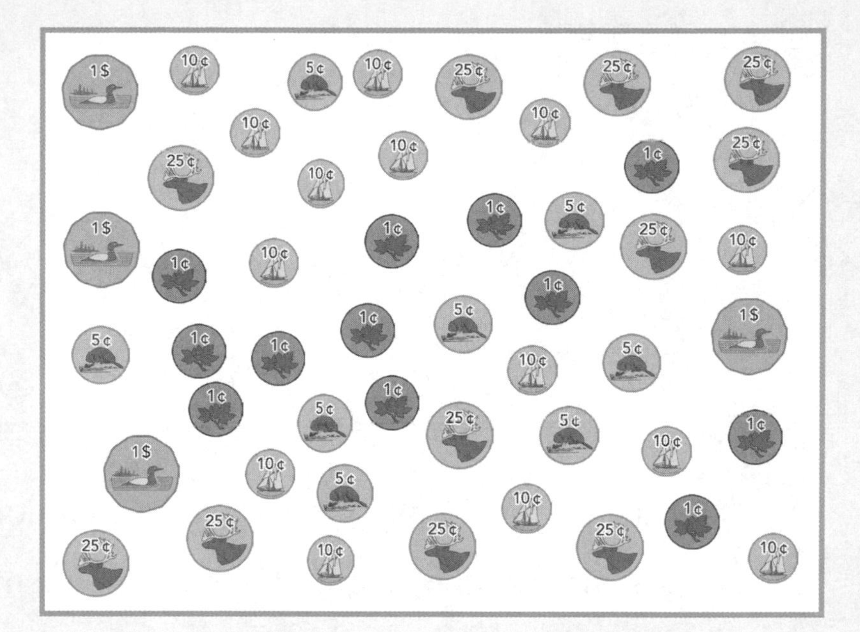

b) Combien d'argent reste-t-il ?

7 **Résous** les problèmes.

a) Dans le local de musique, il y a 4 caisses de 12 instruments de percussion.

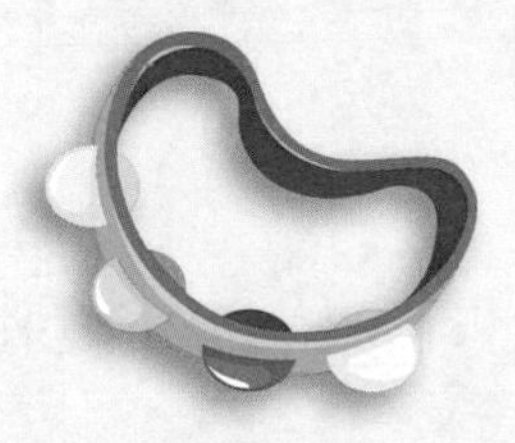

Combien y a-t-il d'instruments de percussion en tout ? Représente le problème pour t'aider.

Il y a ☐ instruments de percussion.

Mes représentations

b) Sur ce dessin, il y a 21 notes de musique. **Colorie** les $\frac{2}{3}$ de ces notes en rouge.

c) Xavier mange les $\frac{3}{6}$ de sa pizza. Mandoline mange les $\frac{2}{3}$ de sa pizza. Qui mange le plus grand nombre de pointes de pizza ?

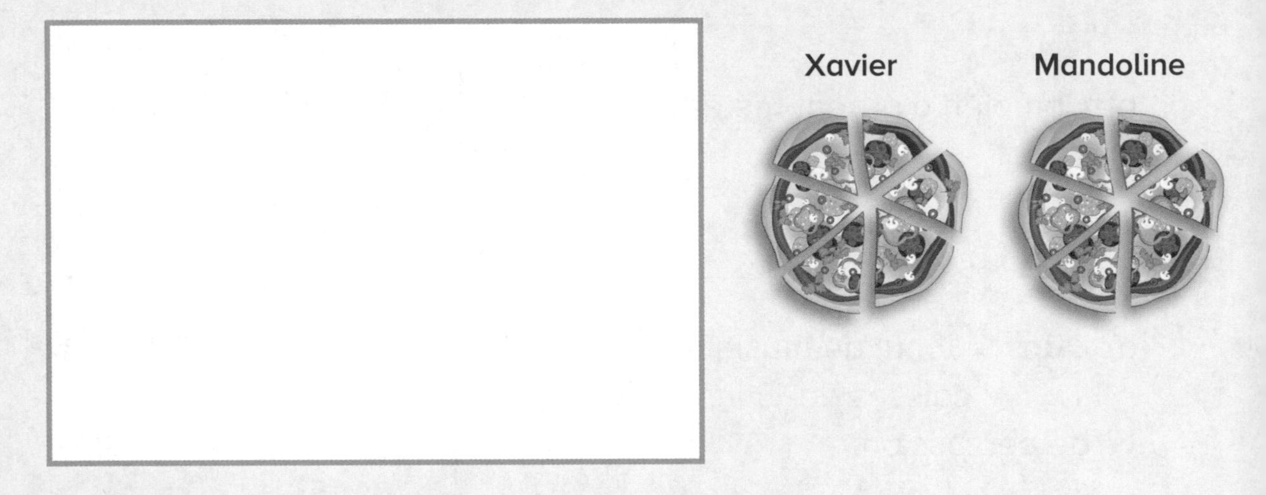

Géométrie

8 **Remplis** le tableau en indiquant le nombre d'angles numérotés de chaque sorte.

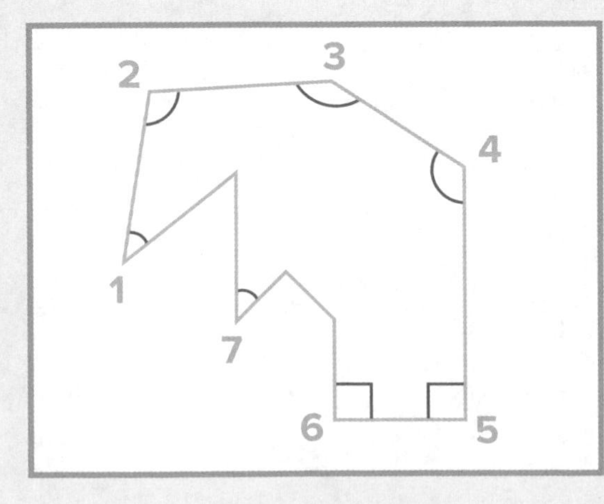

Sortes d'angles	Nombre d'angles
Angles aigus	
Angles droits	
Angles obtus	

9 **Observe** les droites A à E. **Indique** si chaque énoncé est vrai ou faux.

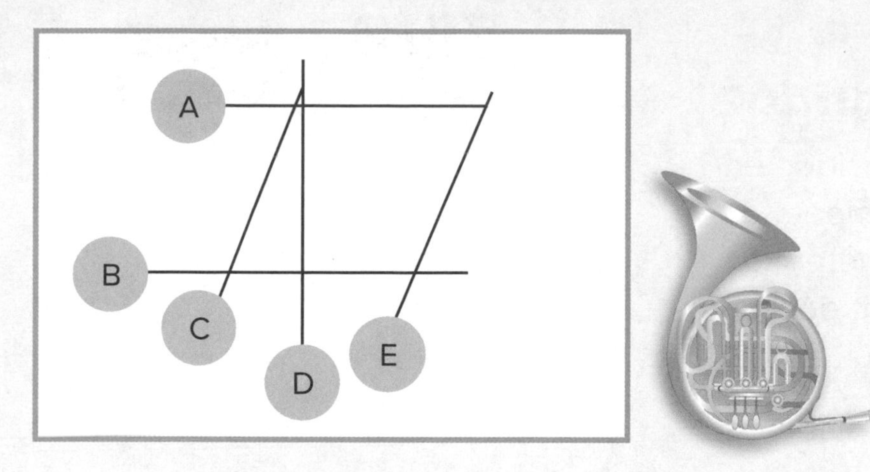

	Vrai	Faux
a) La droite A est perpendiculaire à la droite C.	☐	☐
b) La droite C est parallèle à la droite E.	☐	☐
c) La droite B est parallèle à la droite D.	☐	☐
d) La droite D est perpendiculaire à la droite A.	☐	☐

10 Chaque jour, les musiciens se rendent dans un parc différent pour donner un spectacle.

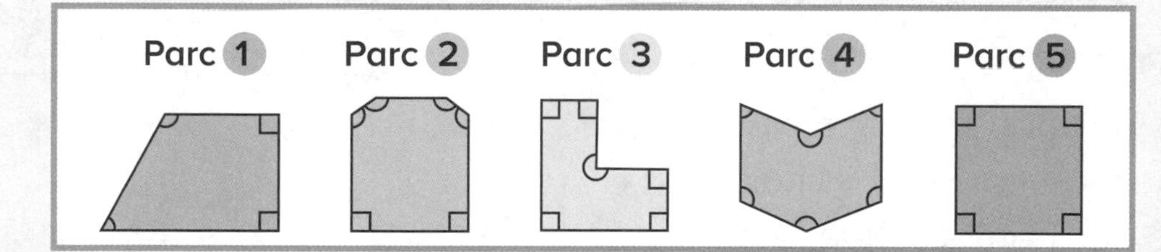

D'après les indices, **écris** le numéro du parc où les musiciens doivent se rendre au cours des 3 prochains jours.

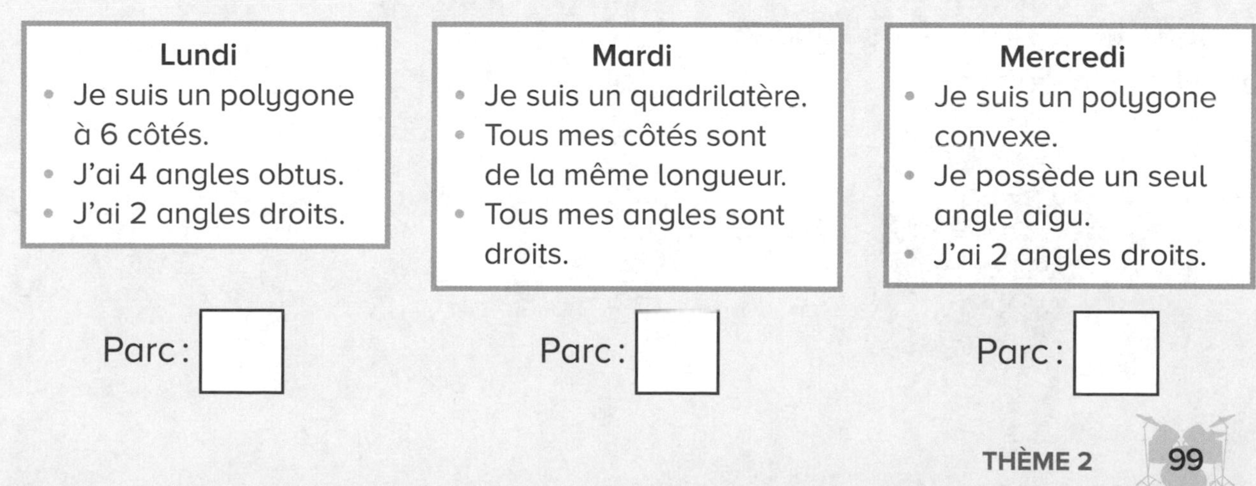

Lundi
- Je suis un polygone à 6 côtés.
- J'ai 4 angles obtus.
- J'ai 2 angles droits.

Parc : ☐

Mardi
- Je suis un quadrilatère.
- Tous mes côtés sont de la même longueur.
- Tous mes angles sont droits.

Parc : ☐

Mercredi
- Je suis un polygone convexe.
- Je possède un seul angle aigu.
- J'ai 2 angles droits.

Parc : ☐

Je résous

Muffins et musique

Les élèves de l'école Musique-en-cœur organisent une campagne de financement pour acheter de nouvelles guitares. Ils ont décidé de vendre des muffins aux fruits.

Chaque boîte de muffins contient 24 muffins. Dans une boîte :

- les $\frac{6}{24}$ des muffins sont aux bananes ;
- les $\frac{8}{24}$ des muffins sont aux canneberges ;
- les $\frac{3}{24}$ des muffins sont aux framboises ;
- les autres muffins sont aux bleuets.

Les muffins aux bananes et aux canneberges se vendent 1 $ chacun. Les muffins aux framboises et aux bleuets se vendent 2 $ chacun.

Combien d'argent sera amassé pour chaque boîte de muffins vendue ? Justifie ta réponse.

Ce que je sais

Ce que je fais

GRAND JEU

Pyramides en folie

Dans ce jeu, il faut inscrire dans les cases vides la somme des 2 cases de la ligne inférieure.

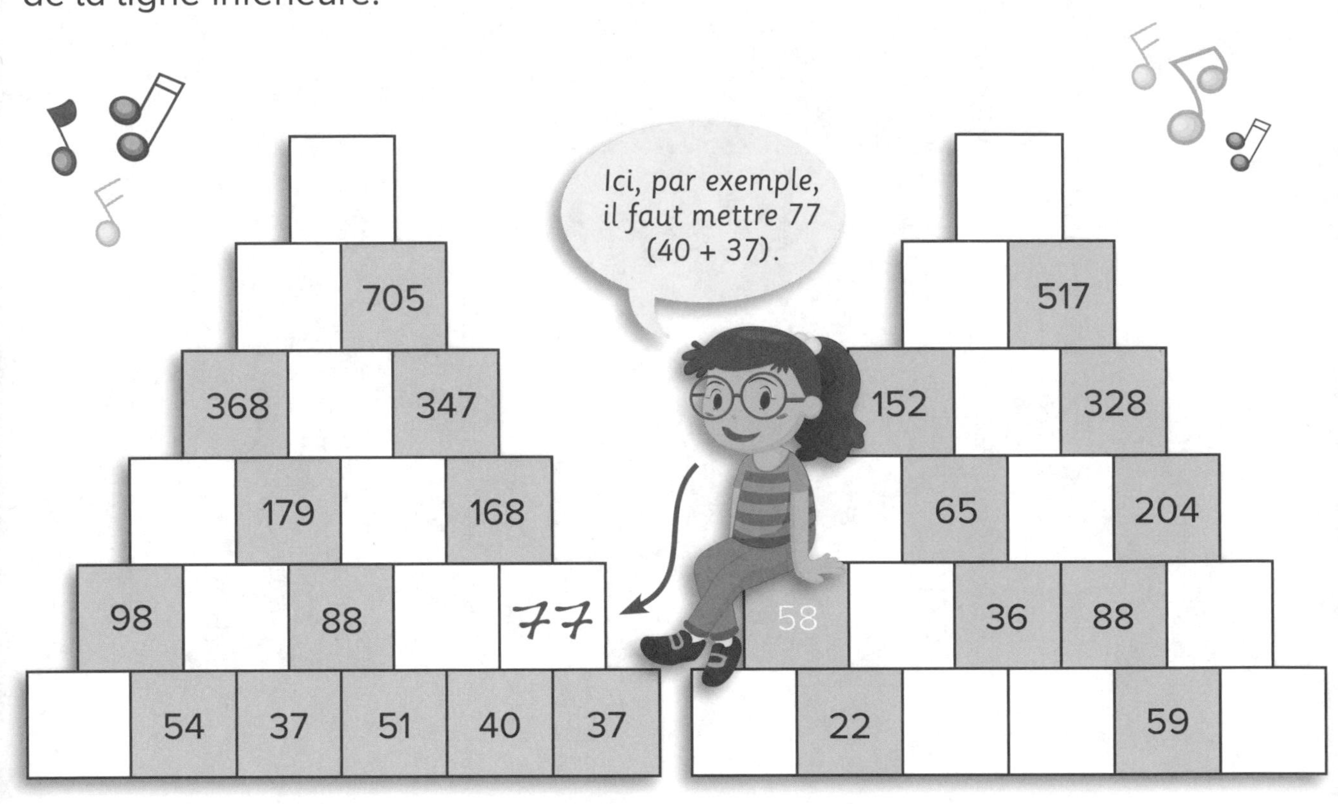

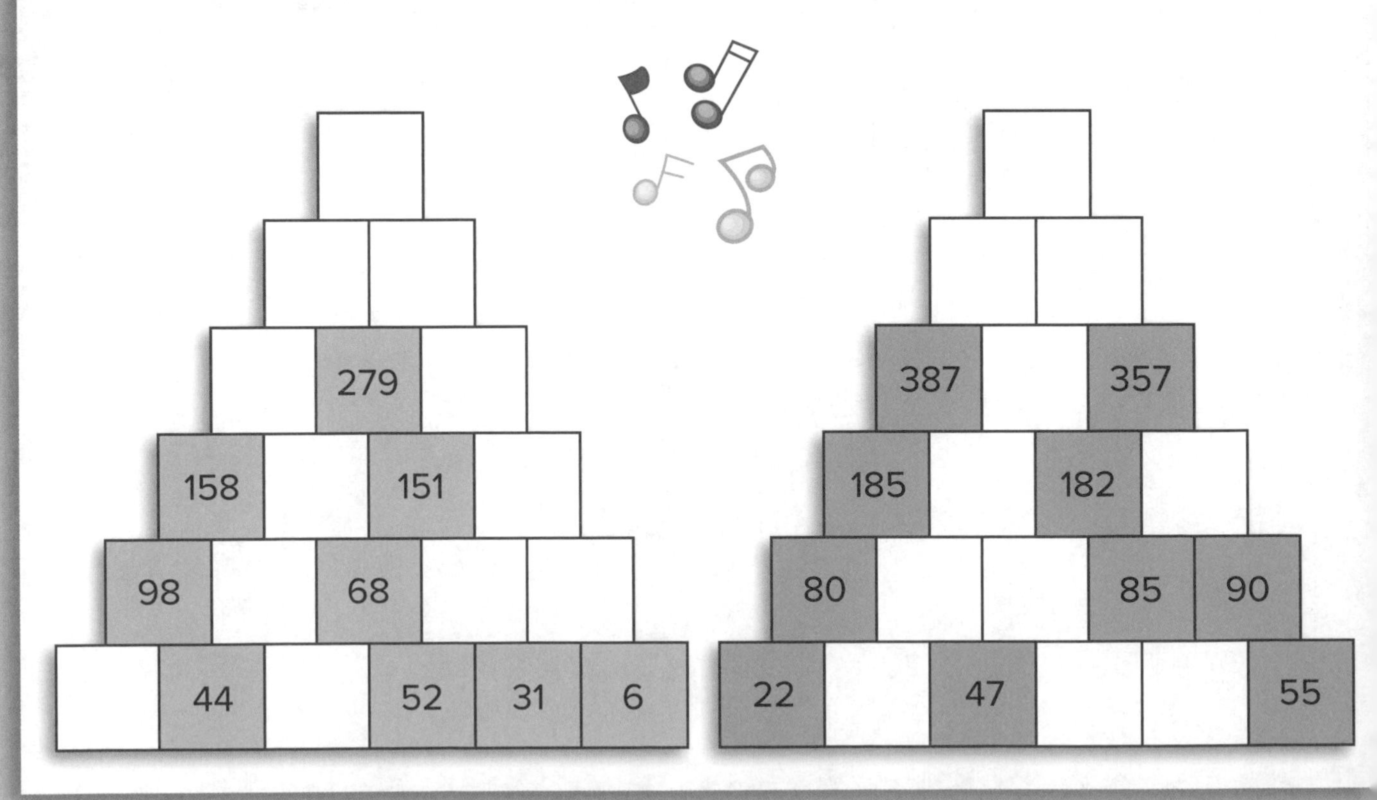

Glossaire

(Les mots en bleu sont ceux de la progression des apprentissages du MELS.)

Abaque (p. 2)
Planchette rectangulaire munie de boules servant à compter.

Addition (p. 29)
Opération qui permet de trouver la somme de 2 ou plusieurs nombres qu'on appelle des termes. Le symbole de l'addition est +.

Angle (p. 56)
Figure formée par 2 lignes droites partant d'un même point.

Angle aigu (p. 56)
Angle dont la mesure est plus petite que celle d'un angle droit sans être nulle.

Angle droit (p. 56)
Angle formé par 2 lignes droites perpendiculaires.

Angle obtus (p. 56)
Angle dont la mesure est plus grande que celle d'un angle droit sans être un angle plat.

Axe de réflexion (p. 17)
Axe qui permet la réflexion d'une figure.

Carré (p. 61)
Quadrilatère ayant 2 paires de côtés parallèles, 4 côtés de même longueur et 4 angles droits.

Centième (p. 85)
Dans un nombre décimal, deuxième chiffre à droite de la virgule. Un centième est 100 fois plus petit que 1.

Chiffre (p. 6)
Symbole utilisé pour écrire des nombres. Il y a 10 chiffres : 0, 1, 2, 3, 4, 5, 6, 7, 8, 9.

Collection (p. 78)
Ensemble d'objets formant un tout.

Convexe (polygone) (p. 61)
Polygone qui ne possède aucune partie qui rentre vers l'intérieur.

Couple de nombres (p. 36)
Deux nombres qui servent à indiquer un point de rencontre dans un plan cartésien. Le premier nombre correspond à l'axe horizontal et le deuxième, à l'axe vertical.

Dallage (p. 19)
Assemblage de figures géométriques qui recouvrent une surface, sans espace libre ou superposition.

Dénominateur (p. 78)
Dans une fraction, nombre total de parties équivalentes dans un tout. Il est placé sous la barre horizontale dans la fraction.

Différence (p. 31)
Résultat de la soustraction.

Dividende (p. 24)
Dans une division, nombre à diviser.

Diviseur (p. 24)
Dans une division, nombre qui en divise un autre.

Division (p. 24)
Opération qui consiste à chercher combien de fois un nombre (diviseur) est contenu dans un autre nombre (dividende). La division, c'est aussi le partage en parts égales d'une certaine quantité d'objets. Le résultat de la division est le quotient. Le symbole de la division est ÷.

Dixième (p. 85)
Dans un nombre décimal, premier chiffre à droite de la virgule. Un dixième est 10 fois plus petit que 1.

Droite (p. 56)
Ligne droite qui est illimitée dans les 2 sens.

Égal à (p. 14)
Qui a la même valeur. Symbole : =.

Emprunt (p. 31)
Emprunter, c'est aller chercher la dizaine, la centaine ou l'unité de mille qui manque pour trouver la différence entre 2 nombres. Ainsi, on peut avoir un emprunt à la dizaine, à la centaine ou à l'unité de mille.

Entier (p. 78)
Un seul objet représentant un tout.

Équation (p. 40)
Égalité contenant une ou plusieurs inconnues.

Facteur (p. 22, 71)
Chaque nombre qu'on multiplie ensemble pour obtenir un produit.

Figure symétrique (p. 17)
Figure qui forme 2 parties identiques lorsqu'elle est pliée en 2.

Fraction (p. 78)
Représentation d'une ou plusieurs parties équivalentes d'un entier ou d'une collection. Elle s'écrit à l'aide de 2 nombres (numérateur et dénominateur) séparés par une barre horizontale.

Inférieur à (p. 14)
Qui est plus petit que. Symbole : <.

Losange (p. 61)
Quadrilatère ayant 2 paires de côtés parallèles et 4 côtés de même longueur.

Matériel en base 10 (p. 2)
Représentation de notre système de numération qui fait ressortir les relations entre les unités, les dizaines, les centaines et les unités de mille.

Multiplication (p. 22, 71)
Opération qui permet de trouver le produit de 2 ou plusieurs facteurs. Le symbole de la multiplication est ×.

Nombre (p. 2)
Objet mathématique formé de chiffres et qui représente des grandeurs, des positions, des quantités, etc.

Nombre décimal (p. 85)
Nombre qui contient une partie entière et une partie fractionnaire (inférieure à 1). Ces 2 parties sont séparées par une virgule.

Numérateur (p. 78)
Dans une fraction, nombre placé au-dessus de la barre horizontale qui indique le nombre de parties considérées.

Opération inverse (p. 24)
Opération qui annule l'effet d'une autre opération. L'addition et la soustraction sont des opérations inverses. La multiplication et la division sont également des opérations inverses.

Origine (p. 36)
Couple de nombres qui correspond au point de rencontre de l'axe horizontal et de l'axe vertical dans un plan cartésien, soit le couple (0, 0).

Parallèles (lignes ou droites) (p. 56)
Lignes ou droites qui ne se rencontrent jamais, même si on les prolonge. Le symbole de l'expression « est parallèle à » est //.

Parallélogramme (p. 61)
Quadrilatère ayant 2 paires de côtés parallèles et de même longueur.

Parties équivalentes (p. 78)
Partie d'égale valeur.

Perpendiculaires (droites) (p. 56)
Lignes droites qui forment un angle droit lorsqu'elles se rencontrent. Le symbole de l'expression « est perpendiculaire à » est ⊥.

Plan (p. 36)
Système de repérage qui permet de situer un objet, un lieu ou un point.

Plan cartésien (p. 36)
Plan formé de 2 axes perpendiculaires (axe horizontal et axe vertical), qui permet de situer des points de façon précise.

Polygone (p. 61)
Figure plane formée d'une ligne brisée et fermée. Il peut être convexe ou non convexe.

Produit (p. 22, 71)
Résultat de la multiplication.

Quadrilatère (p. 61)
Polygone à 4 côtés.

Quotient (p. 24)
Résultat de la division.

Rectangle (p. 61)
Quadrilatère ayant 2 paires de côtés parallèles et de même longueur et 4 angles droits.

Réflexion (p. 17)
Transformation géométrique d'une figure qui permet d'obtenir son image.

Régularité numérique (p. 66)
Suite de nombres qui suivent une règle.

Retenue (p. 29)
Dans une méthode d'addition, il y a une retenue lorsque la somme des unités, des dizaines ou des centaines est supérieure à 9.

Somme (p. 29)
Résultat d'une addition.

Soustraction (p. 31)
Opération qui permet de trouver la différence entre 2 nombres qu'on appelle des termes. Le symbole de la soustraction est –.

Supérieur à (p. 14)
Qui est plus grand que. Symbole : >.

Système de repérage (p. 36)
Système qui permet de retrouver une chose dans un ensemble.

Table de multiplication (p. 22)
Tableau à double entrée qui permet de trouver le produit de 2 nombres.

Tableau à double entrée (p. 22)
Tableau où 2 variables sont mises en relation.

Tableau de numération (p. 2)
Tableau dont les colonnes respectent notre système de numération en base 10.

Terme (p. 29)
Chacun des nombres intervenant dans une opération.

Terme manquant (p. 40)
Nombre qu'on doit trouver dans une équation afin d'obtenir une égalité.

Tout (p. 78)
Le tout peut être un entier (un seul objet) ou une collection (un ensemble d'objets).

Trapèze (p. 61)
Quadrilatère ayant au moins une paire de côtés parallèles.

Triangle
Polygone à 3 côtés.

Valeur de position (p. 6)
Valeur d'un chiffre selon la position qu'il occupe dans un nombre.

Mon aide-mémoire